学ぶ人は、変えてゆく人だ。

目の前にある問題はもちろん、

人生の問いや、

社会の課題を自ら見つけ、

挑み続けるために、人は学ぶ。

「学び」で、

少しずつ世界は変えてゆける。

いつでも、どこでも、誰でも、

学ぶことができる世の中へ。

旺文社

JN035988

すべてのセクションに対応

はじめての TOEFL®テスト 完全対策 4訂版

Paul Wadden
Robert Hilke
松谷 偉弘 著

TOEFL and TOEFL iBT are registered trademarks of ETS.
This publication is not endorsed or approved by ETS.

著者

Paul Wadden, Ph.D. (ポール・ワーデン)
順天堂大学国際教養学部教授。ヴァーモント大学大学院修了（修辞学）。イリノイ州立大学大学院修了（英米文学博士）。著述家・文学者。ニューヨーク・タイムズ，ウォールストリート・ジャーナル，ワシントン・ポストなど，多数の新聞および雑誌に執筆。著書に A Handbook for Teaching English at Japanese Colleges and Universities (Oxford University Press,1993), Teaching English at Japanese Universities: A New Handbook (Routledge,2019), TESOL Quarterly, College Composition, College Literature に掲載の言語教育に関する論文，50冊を超える TOEFL, TOEIC, GRE など，テスト対策教材など多数。

Robert Hilke (ロバート・ヒルキ)
企業研修トレーナー。元国際基督教大学専任講師，カリフォルニア大学大学院修了（言語学）。国際的な大企業向けの研修を年間約 200 日以上行う。1984 年から日本で TOEFL・TOEIC 関連セミナーを続けており，TOEFL テスト・TOEIC テストを数十回受験，その傾向・特徴を分析している。著書に『TOEIC® L&R テスト 直前の技術』（共著，アルク），『頂上制覇 TOEIC® テスト 究極の技術』シリーズ（共著，研究社）他，TOEIC, TOEFL, GRE など，テスト対策の書籍は 100 冊以上。

松谷偉弘 [学術博士 Ph.D.]（まつたに　たけひろ）
英学私塾主宰／在野研究者。国際基督教大学（ICU），ペンシルヴェニア大学，アマースト大学で英米思想史を専攻。日米の有名予備校を経て，現在はリベラルアーツ＋英学専門の私塾「武蔵野自由英学塾」MILE: Musashino Institute for Liberal Arts and English（旧 ICU 受験専門予備校 FORUM-ICU）を主宰。TOEFL・TOEIC や受験英語に関する著作・記事等も多数（旺文社，語研，他）。

翻訳協力
城座沙蘭 [学術博士 Ph.D.]（しろざ　さらん）
国際基督教大学（ICU），ペンシルヴェニア大学，東京大学大学院で応用言語学を専攻。専門は国際英語論（World Englishes）。東京大学教養学部，上智大学英文学科を経て，現在は ICU で英語学・応用言語学を講じる。

松谷邦英 [学術博士 Ph.D.]（まつたに　くにひで）
在野研究者／私塾講師。マサチューセッツ大学，国際基督教大学大学院にて政治学を専攻。専門は近現代の政治思想。

装丁デザイン	内津剛（及川真咲デザイン事務所）
本文デザイン	尾引美代
英文校閲	Jason A. Chau
編集協力	斉藤敦，渡邉真理子
ナレーション	Katie Adler, Howard Colefield, Chris Koprowski, Ann Slater, Bill Sullivan, 蒔崎巧
録音	ユニバ合同会社
Web模試制作	株式会社 トピックメーカー
写真提供	株式会社CPI Japan (p. 27, 70, 72, 81)

※本書に掲載されている英文の内容は，最新の情報でないもの，架空のものや事実と異なるものを含んでいます。ご了承ください。

Preface

Are you worried about your TOEFL score? Are you concerned a less-than-ideal performance on the iBT might limit your future? It is absolutely true that the iBT is one of the most challenging tests you will ever take. To perform well you will need to (1) fully understand the complex tasks in each section, (2) apply the best strategies for each section, and (3) systematically practice each section with materials that faithfully reflect the actual content of the test.

Your authors have taken the iBT many times, in Japan and abroad, both in testing centers and using the online home edition. We have done this in order to meticulously analyze the content and questions of the test. By using this book and harnessing the authors' knowledge, you will gain a thorough understanding of the iBT, enabling you to apply the most effective techniques to improve your score. Moreover, you will be able to polish your overall English language skills. And, by practicing with the authentic TOEFL- like materials in this text, you can identify the specific areas – speaking, writing, reading, or listening – where you might need further study and practice. This will allow you to design a personalized course of study that will help you get the TOEFL score you deserve. Don't miss out on life opportunities that a good TOEFL score can allow you to take advantage of!

Paul Wadden and Robert Hilke

　本書は 2006 年の初版発行以来，TOEFL 学習者の皆様からの幅広いご支持をいただいてきた，ベストセラー中のベストセラーです。今回，新たに改訂版を刊行できることは，著者として感謝に堪えません。本改訂版では，これまでの版で留意してきた authenticity「信頼性・確実性・誠実性」はそのままに，最新の TOEFL 研究・分析の成果をふまえ，よりいっそうの充実をはかりました。TOEFL テストについての詳しい情報と模試 1 セットに加え，以下の内容を収録しています。

　　　1）自己採点テーブル（スピーキング＆ライティング）
　　　2）スコア別学習アドバイス
　　　3）必修ボキャブラリーリスト 600
　　　4）単語確認テスト（ダウンロードコンテンツ）

　今回がはじめての受験という初学者から，さらなるスコアアップを目指している中・上級者まで，本書はきっと，皆さんの TOEFL 学習の「一助」に，いえ，これ一冊で十分という「バイブル」になるものと信じています。本書を通して，TOEFL 以上，英語以上の知的な愉しみ，つまりは Liberal Arts の精神をぜひ感じていただければ，筆者としてこれに勝る幸いはありません。

松谷　偉弘

Contents

CHAPTER 1　TOEFL iBT 傾向と対策

CHAPTER 2　Practice Test　問題

■ 本書の利用法

　本書は，TOEFL iBT 受験に関する Information と，以下の 4 つの CHAPTER と APPENDIX から構成されています。付属音声や Web 特典とともに活用することで，最大限の学習効果が得られるようになっています。

CHAPTER **1**　TOEFL iBT 傾向と対策

TOEFL iBT の問題形式や，傾向と対策について解説しています。学習を始めるにあたって参考にしてください。コンピュータの操作に不安がある場合でも，この CHAPTER で解消できます。

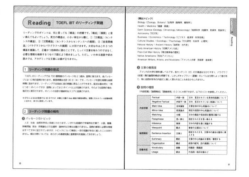

CHAPTER **2**　Practice Test　問題

CHAPTER 1 の内容をふまえて，このPractice Test（模擬試験）に挑戦しましょう。音声は付属音声（p. 10）をご利用ください。なお，本書の Web 特典（p. 8）を利用すれば，この Practice Test を本番の試験のようにインターネット上で受験できますので，ぜひご利用ください。

6

CHAPTER **3** Practice Test 解答・解説

Practice Test の解答・解説を読み，解答にいたるプロセスをしっかり理解してください。Speaking Section と Writing Section では，「模範解答」と「問題のある解答」の2つの解答例を掲載しています。それぞれのポイントを自分の解答と比べてみましょう。

CHAPTER **4** 自己採点の手引き

Practice Test の答え合わせが終わったら，このCHAPTERを参照し，各セクション30点満点のスコアに換算して，目標スコアに到達しているか確認してみましょう。獲得スコアに応じた学習アドバイスも掲載していますので，スコアアップのヒントをつかんでください。

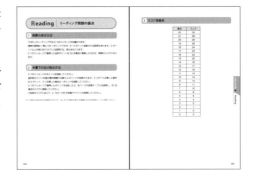

APPENDIX

■キャンパスで使う英語

キャンパスシーンの会話と設問を通して，知っておくと役立つボキャブラリーを身につけることができます。

■必修ボキャブラリーリスト600

受験にあたって特に重要な600語を収録しました。Practice Test を解答する前のボキャブラリービルディングにも，解答した後の復習にも，どちらにも活用できます。
※詳しい利用法は「APPENDIX の使い方 (p. 186～187)」を参照してください。

Web特典について

1 Web模試

▶ 内容
本物の TOEFL iBT に近い操作感で，本書に収録された Practice Test を受験できます。**TOEFL iBT は PC で行われる試験ですから，事前に試験を PC 上で体験しておくことは必須といえます。ぜひご利用ください。**

▶ 利用方法
❶ パソコンから下記URL にアクセスしてください。
https://ttds.obunsha.co.jp/

❷「旺文社のWeb特典を利用する」から，「Web模試」を選択してください。

❸ 初めてアクセスした際，メールアドレスによって新しくアカウントを登録するか，またはお持ちのSNSアカウントでログインすることができます。新しくアカウントを作成する場合は，「新規アカウント作成」ボタンをクリックし，画面の指示に従ってください。

❹ 表示された「学習メニュー」最下部にある「新規模試追加」ボタンをクリックし，新規教材登録をしてください。画面の指示に従い，以下の模試受験コードを入力し，「送信」ボタンをクリックしてください。

模試受験コード：1702

❺ 画面の指示に従って「学習メニュー」に戻ると，「学習コース」に模試が追加されています。受験したい模試の「START」ボタンをクリックし，模試を開始してください。

▶ 推奨動作環境
対応OS： Windows OS および Mac OS
※スマートフォンやiPad等ではご利用いただけません。
ブラウザ： ［Windows OSの場合］最新バージョンのEdge, Google Chrome
およびFirefox
［Mac OSの場合］　最新バージョンのGoogle Chrome, Firefox
およびSafari
※ただしSafariでは録音機能をご利用いただけません。

インターネット環境： ブロードバンド
画面解像度： 1024×768 以上

▶ 注意
- ●ご利用のパソコンの動作や使用方法に関するご質問は，各メーカーまたは販売店様にお問い合わせください。
- ●このWeb模試サービスの使用により生じた，いかなる事態にも一切責任は負いかねます。
- ●本サービスは予告なく終了することがあります。
- ●Web模試サービスに関してお困りの点がありましたら，Web模試サイト内よりお問い合わせください。

2 PC用ダウンロードコンテンツ

▶ 内容
- ●本書の音声　※音声を聞く方法はダウンロード以外にもあります。p. 10をご覧ください。
- ● APPENDIX 2「必修ボキャブラリーリスト600」の確認テスト

▶ 利用方法
❶ p. 8の「利用方法」の ❷ で「旺文社のWeb特典を利用する」から「音声などのダウンロード」を選択し，本書をクリックしてください。

❷ 画面の指示に従って下記利用コードを入力し，ログインしてください。

　　　利用コード：cjsg2024 　（※すべて半角，アルファベットは小文字）

❸ 利用したいコンテンツの「ダウンロード」ボタンをクリックし，ダウンロードしてください。

❹ ダウンロードしたファイルはZIPファイル形式で圧縮されています。ファイルを展開［解凍］して，コンテンツをご利用ください。パソコン以外の機器には対応していません。

▶ 注意
- ●音声はMP3ファイル形式となっています。ご利用の際にはMP3を再生できる機器・ソフトウェアが必要です。
- ●確認テストはPDFファイル形式となっています。ご利用の際にはPDFを閲覧できる機器・ソフトウェアが必要です。
- ●ご使用機器，音声再生ソフトなどに関する技術的なご質問は，ハードメーカーもしくはソフトメーカーにお願いいたします。
- ●本サービスは予告なく終了することがあります。

音声について

本書に付属の音声は，以下2つの形のいずれかでご利用いただけます。Web模試（p. 8参照）をご利用いただく場合は，音声は自動的に流れます。

旺文社リスニングアプリ「英語の友」（iOS/Android）

❶ 「英語の友」公式サイトより，アプリをインストールしてください。

https://eigonotomo.com/

❷ アプリ内のライブラリより本書を選び，「追加」ボタンを押してください。

※本アプリの機能の一部は有料ですが，本書の音声は無料でお聞きいただけます。
※アプリの詳しいご利用方法は「英語の友」公式サイト，あるいはアプリ内のヘルプをご参照ください。
※本サービスは予告なく終了することがあります。

MP3ファイルのダウンロード

前ページ「Web特典について」の ２ PC用ダウンロードコンテンツ をご覧ください。

▶ 音声の構成

トラック番号	内容
1	収録内容について
2-35	Listening Section 問題
36-40	Speaking Section 問題
41-43	Writing Section 問題
44-48	Speaking Section 解答例A
49-63	APPENDIX 1 キャンパスで使う英語
64-81	APPENDIX 2 必修ボキャブラリーリスト600

▶ 音声の利用法

● Listening Section では，各設問の後に目安として30秒の解答時間が設けられています。実際の試験では，1問ごとでなくパート全体で解答時間が与えられており，1問あたり平均すると約35秒です。

● Speaking Section では，No. 2, 3のリーディング用の時間は用意されていますので，そのまま再生してください。解答にあたっての準備時間と解答時間は収録されていませんので，ピーという音が聞こえたら音声を一時停止して，自分で計測して解答してください。

● Writing Section の Integrated task では，リーディング用の時間が用意されていませんので，自分で計測してパッセージを読んでください。講義の音声が終わったらピーという音が聞こえますので，音声を停止して解答を進めてください。

留学準備をはじめよう！

　留学には，いくつも方法があります。大学生で，所属している大学に留学関係の部署がある場合は，まずそこに相談しましょう。交換留学や語学研修のプログラムがあれば，申し込み方法を詳しく教えてもらえます。そういった環境がない場合には，書籍やインターネットを通じて自分で情報収集をしたり，日米教育委員会や British Council といった公的機関，留学予備校などに相談したりするとよいでしょう。英語力の向上をメインとした語学留学には高い語学力は求められませんが，大学への入学や MBA 取得などを目指す場合は，SAT, GMAT といった他の試験のスコアも必要で，出願書類の作成にも時間がかかります。

　留学を目指すにあたり，まずは必要なスコアを提出しなければならない時期を確認して，それに間に合うように TOEFL テストを受験する計画を立てましょう。計画の立て方も人それぞれですので，以下の２例を参考にしてください。

Aさん　行きたい大学のスコアが高い！

　Aさんは必要なスコアが 100 点と高いので，十分な準備が必要と考え，1 年間の準備期間を設定しました。また，1 回で必要なスコアが取れない場合を考慮して，2 〜 3 回受験する前提で，できるだけ早めに学習を進めるようにしました。

　まず問題を解いてみて現在の自分の実力を確認し，もう少し語彙力があればより余裕を持って解くことができると考えたので，早い段階で語彙対策を始めました。各セクションの対策では，不安のあるライティングに特に注力しましたが，それ以外のセクションも，できるだけ時間をかけて取り組みました。

　1 回目では苦手なライティングが足を引っ張り，わずかに 100 点に届かず悔しい思いをしましたが，2 回目では対策のかいもあって無事に 100 点を取ることができ，希望の大学に留学することができました。

Bさん　行きたい大学は 1 つだけではない！

　Bさんはいくつか行きたい大学の候補があり，80 点で行ける大学もあれば，100 点を取らないと行けない大学もありました。大学生活が忙しかったこともあり，無理に 100 点を目指さず，期間は半年間に絞って対策をしました。

　まず試験を解いてみて，80 点まではあと少しだと感じたので，得意なリーディングをさらに伸ばすことに特に注力しました。苦手なリスニングやスピーキングは，可能な範囲で学習し，当初よりも少しだけスコアを上げることができたので，それでよしとしました。

　時間的に余裕がなくて 1 回しか受験ができず，100 点は取れませんでしたが，80 点はなんとか超えることができました。80 点で行ける大学にも行きたい気持ちは強かったので，そこへ留学することができて，満足でした。

TOEFL® テスト Information

※すべて 2024 年 1 月現在の情報です。最新の情報は p.13 にある TOEFL® テスト公式ウェブサイト等でご確認ください。また，旺文社 TOEFL テスト大戦略シリーズのウェブサイト（p. 8 参照）でも，試験の情報や申し込み方法を掲載していますのでご確認ください。

TOEFL テストとは？

TOEFL テストとは，主に北米，イギリス，オーストラリアなど英語圏をはじめとして世界中の大学・機関で活用されている，英語を母語としない人を対象に実施される英語能力試験のことです。この試験は，アメリカの非営利教育機関である ETS によって運営されています。日本では主に 2006 年 7 月より導入された TOEFL iBT® テストが実施されています。

TOEFL iBT テストの構成

TOEFL iBT テストの構成は以下のようになっています。

Reading	2 パッセージ	35 分（※）
Listening	2 会話／3 講義	36 分
Speaking	4 問	16 分
Writing	2 問	29 分（※）

※ ETS による公式発表は，リーディングは 35 分，ライティングは 29 ですが，本書と付属の Web 模試の解答時間は，実際に行われている試験時間に合わせ，リーディング 36 分，ライティング 30 分に設定しています。

TOEFL iBT テストのスコア

スコアの配点は，右の表のようになっています。スコアは ETS 公式サイト上で確認でき，希望者には印刷されたスコアが後日 ETS より送付されます。なお，TOEFL テストのスコアは受験日から 2 年間有効とされています。

セクション	配点
Reading	0-30
Listening	0-30
Speaking	0-30
Writing	0-30
TOTAL	0-120

受験料

US$245　※試験直前の申し込みでは追加料金がかかります。

申し込み方法

まずは以下の ETS Japan または ETS の TOEFL テスト公式ウェブサイトにアクセスし，試験の最新情報を確認した上で，ETS の TOEFL テスト公式ウェブサイトから申し込みましょう。

■ TOEFL iBT テスト全般の情報について
ETS Japan 合同会社　TOEFL テスト日本事務局
https://www.etsjapan.jp/

■ ETS による TOEFL テスト公式ウェブサイト
https://www.ets.org/toefl/

■ ETS アカウント新規作成・ログイン
受験申し込み，テスト日程・会場，空席の検索，無料のテスト対策教材，受験後のスコア確認，スコア送付依頼
https://www.ets.org/mytoefl/

その他の受験形式

■ 自宅受験 TOEFL iBT® テスト「TOEFL iBT® Home Edition」
2020 年 4 月より，自宅受験 TOEFL iBT Home Edition が始まりました。自宅の慣れた環境で受験できるメリットがありますが，使用機器や環境などに制約があります。留学を希望する大学がこの試験を受け入れている場合は，公式サイト等で詳細を確認した上で，受験を検討するとよいでしょう。

■ 自宅受験 TOEFL® Essentials™ テスト
2021 年 8 月より，TOEFL Essentials テストという新しい試験が始まりました。自宅受験のみ行われます。アカデミックな内容だけでなく日常生活の内容が出題されるなど TOEFL iBT テストとは試験内容が異なり，より短い時間で試験が終了します。留学を希望する大学がこの試験を受け入れている場合は，公式サイト等で詳細を確認した上で，受験を検討するとよいでしょう。

TOEFL iBT 受験の心得

はじめて TOEFL iBT を受験するなら知っておきたい「受験への備え」「受験当日の心構え」をまとめました。

1 受 験 に 備 え て …

▶ TOEFLの目的と特徴を確認する

TOEFL は「アカデミック」な英語力をはかるためのテストです。ビジネス英語，日常会話などの試験ではありません。もっとも「アカデミック」といっても，それほど専門的で高度な学術英語が求められるわけではありません。ここでの「アカデミック」とは，「大学の学部レベルで学び，生活するための…」という意味です。具体的には，大学キャンパスの色々なシーンで求められる，以下のような英語力が試されます。

❶ 学部レベルの教科書や基本的な論説文を読むための「リーディング力」

❷ 概論レベルの講義を理解しノートを取り，大学生活を送るための「リスニング力」

❸ 教室でディスカッションに参加し，プレゼンテーションを行うための「スピーキング力」

❹ 基礎レベルの課題レポートを書くための「ライティング力」

▶ iBT の構成と形式を知る

まずは「リーディング」「リスニング」「スピーキング」「ライティング」の問題構成・出題数・形式を，本書を通してしっかりと把握しておくことが肝心です。構成や形式に慣れておけば，試験会場で焦ることなく，落ち着いて解答に取り組むことができます。コンピュータの操作にも十分に慣れ親しんでおきましょう。

▶ 頻出の設問タイプを知っておく

4技能のそれぞれのセクションには，頻出の設問タイプがあります。まずは本書の練習問題で，さらには各人の目的やレベルに応じて，本書と同じ TOEFL テスト大戦略シリーズのセクション別問題集などで，頻出パターンを確認しておきましょう。

▶ ボキャブラリーを増強

TOEFL の特徴をふまえ，主に以下の3分野の語彙学習に取り組むとよいでしょう。

❶ 論文・講義に頻出の基本語彙（例：describe「説明する」，statistics「統計」，therefore「それゆえに」，To conclude「結論として」）

❷ 文理諸学の基本語彙（例：〈歴史〉～ era「時代」，chronologically「年代順に」；〈生物学〉～ cell「細胞」，genetic「遺伝的な」）

❸ キャンパスライフの基本語彙（例：dorm「学生寮」，credit「単位」）

▶ 耳ならし，口ならし

　TOEFLでは，レベルの高いリスニング力，スピーキング力が求められます。こうした能力は，決して一朝一夕には身につきません。理想的なのは，毎日少しずつでも長期間にわたって，じっくりと耳と口とを鍛えることです。そして，受験の直前になったら，いつもよりも集中的に，英語を読み，聞き，書き，かつ話す機会を設けましょう。語学のトレーニングには「習う」や「学ぶ」と同じくらい「慣れる」こともまた大切です。

2　受験当日には…

▶ すぐに解答を始める

　あらかじめiBTの構成と形式を知っておけば，受験時に，必要以上に指示文を読んだり，聞いたりする"ムダ"が省けます。すぐに解答を始め，与えられた解答時間を最大限に活かしましょう。

▶ タイムマネジメント

　間違ってもよいので，制限時間内にすべての設問に解答するのが得策です。タイマーを常に確認し，残りの問題数を意識しながら，一定のスピードを保って解答するよう心がけましょう。分からない設問に必要以上にとどまらず，次の設問へと進みましょう。前向きな姿勢と前進し続けるパワーが欠かせません。

▶ 消去法を活用する

　四肢択一形式の設問では，ただ「当てはまる」ではなく，「最もよく当てはまる」選択肢を選ばなければなりません。選択肢Ａが正解に思えても，より適当な選択肢がないか，念のためＢ以下の選択肢も確認する必要があります。また4つの選択肢を相互に比較検討することで，誤りの選択肢を消去できます。選択肢を1つ消せば，正解率は25％から33％に，2つ消せれば50％へと大幅にアップします。

▶ ステイ・ヘルシー＆ステイ・ポジティブ

　試験時間は2時間。英語力はもちろんですが，何よりも「根気」と「集中力」，そして「体力」が欠かせないハードなテストです。受験日の数日前から規則正しい毎日を送り，前日の夜はしっかりと眠り，当日の朝は，きちんと朝食を食べて臨むよう心がけましょう。そして試験当日，いちばん大切なことは，ポジティブな気持ちをキープすることです。焦らず，めげず，あきらめず，とにかく前へ，前へと進みましょう！

CHAPTER **1**

TOEFL iBT 傾向と対策

Reading | TOEFL iBT のリーディング問題

リーディングのポイントは，何と言っても「構造」の把握です。「構成」「展開」と言い換えてもよいでしょう。英文の構造は，小さい単位から順に，①「文構造」（センテンスの構造），②「文間構造」（センテンスからセンテンスへの展開），③「段落間構造」（パラグラフからパラグラフへの展開）に大別できます。大切なのはこの３つの構造を意識して，正確かつ効率的に読むことです。じっくり文章を味わうのではなく，必要な情報を検索するつもりで読むよう努めましょう。ただし，いわゆる速読や斜め読みでは，アカデミックな文章には歯が立ちません。

1 リーディング問題の形式

TOEFL のリーディングでは 700 語程度のパッセージを２つ読み，設問に答えます。各パッセージには 10 問の設問があります。解答時間は合計 35 分（※）です。パッセージを読む時間も制限時間に含まれます。リーディングでは自由に前の問題に戻ることができます。配点は基本的に１問につき１ポイントですが，設問によっては２ポイント以上が加算されます。そのような設問の場合，指示文に表示されます。ポイントの合計が最終的なスコアに変換されます。

※ ETS による公式発表では 35 分ですが，本書と付属の Web 模試の解答時間は，実際に行われている試験時間に合わせ，36 分に設定しています。

2 リーディング問題の傾向

❶ パッセージのトピック

人文・社会・自然科学系と多岐にわたります。いずれも客観的で学術的な文章で，小説，随筆，時事評論，政治・宗教論などの主観的・論争的な文章は出題されません。設問の解答に必要な情報はすべて文中に記されていますが，トピックについて事前に一定の知識があるに越したことはありません。頻出分野については，あらかじめ基礎知識と重要語句を勉強しておきましょう。

〈頻出トピック〉

Biology（Zoology, Botany）「生物学（動物学，植物学）」

Health / Medicine「健康・医療」

Earth Science (Geology, Climatology, Meteorology)「地球科学（地質学，気候学，気象学）」

Astronomy「天文学」

Business / Economics / Technology「ビジネス・経済学・科学技術」

Cultural Studies / Sociology / Psychology「文化研究・社会学・心理学」

Natural History / Ancient History「自然史・古代史」

Early American History「初期アメリカ史」

Post-Civil War History「南北戦争後の歴史」

Native Americans「先住アメリカ人」

American Writers, Artists, and Musicians「アメリカ人作家・芸術家・音楽家」

❷ 文章の難易度

　アメリカの大学の教科書レベルです。各センテンス（文）の文構造は分かりやすく，パラグラフ（段落）間の論理的構成も明瞭です。しかしボキャブラリー（語彙）のレベルは分野によって差があり，特に自然科学系の内容だと難しく思われることもあるかもしれません。

❸ 設問の種類

　「内容把握」「論理構成」「語彙表現」の３つに大別できます。以下のリストを参照してください。

内容把握	Factual	内容一致	文中，言及されている具体的指摘について
	Negative Factual	内容不一致	文中，言及されていない指摘について
	Main Idea	全体論旨	文章全体の中心的論点について
	Minor Idea	段落論点	特定の段落の中心的論点について
	Matching	分類	文中の概念や具体例を整理分類する
	Paraphrase	言い換え	指定された文を言い換える
論理構成	Inference	推測	文中の内容を基に推論する
	Viewpoint	観点	筆者の立脚点について
	Sentence Insertion	文挿入	指定された文を，文章中の適当な箇所に挿入する
	Summary	要約	文章の中心的論点を要約・整理する
	Organization	構成	段落の配列，話の展開について
語彙表現	Vocabulary	語彙	同義語・類義語
	Usage	語法	代名詞―指示対象など

3 リーディング問題のアプローチ

❶ パッセージを読み全体をつかむ

　設問を解き始める前に必ず，パッセージ全体の雰囲気を確認しましょう。パッセージをスクロールして，トピック，段落数，長さ，構成を大まかにつかみます。その際，一般に discourse marker 「ディスコースマーカー」，あるいは signal word「シグナルワード」と呼ばれる，文章の展開を示す表現に留意しましょう。

〈シグナルワードの例〉

列挙：first, second, third, finally, then, next
例示：for example, for instance
追加：and, in addition, moreover, furthermore, besides
対照：but, however, although, in comparison, in contrast, on the other hand
比較：as, like, in the same way, similarly
結果：so, therefore, thus, consequently, as a result, hence
原因：because, since, due to, thanks to
換言：in other words, in short, namely, that is

❷ 分かるところからアプローチ

　パッセージを読むとき，"速読"と称してただ急ぐだけでは，設問解答のときにツケが回ってきます。大切なのは自分で7〜8割方理解できる速度を一定に保ちつつ，読み進めることです。このとき分からない語や表現があっても気にし過ぎないようにしましょう。最初は分からなかった箇所が，後から徐々に分かってくることが少なくありません。また当然ですが，設問の対象にならない部分は，極端に言えば，分からなくてもあまり問題ありません。また個別の段落内容，単文の言い換え，代名詞の指示対象，類義語を問う設問は，必ずしも論旨全体を理解していなくても，十分に解答可能です。とにかく，あきらめず，めげずに，分かるところから，答えられるところからアプローチしましょう。

❸ ワナに注意して選択肢を絞り込む

　設問に解答する際は，正しい選択肢を「選ぶ」というよりも，より正しい選択肢を「絞り込む」という姿勢で臨みましょう。最初の選択肢が正しく見えても，より正しい選択肢が後にある可能性もあります。パッセージ中の該当箇所を読み返し，内容を理解したら，選択肢同士を慎重に比較検討しましょう。一般に，本文中の表現をそのまま繰り返している選択肢は受験者を惑わす"ワナ"の危険性があります。逆に正解の選択肢は，本文中の表現を同義語などで言い換えているのが通例です。

4 学習アドバイス

　本番では確かに読解のスピードが求められます。しかし，ただ速く読もうとするだけでは，速く読むことはできません。ゆっくり読んで分からない文章を，いくら速度を上げて読んでみても，分かるようにはなりません。むしろ普段の対策としては，一文一文を丁寧に読み進める伝統的な「精読」がお勧めです。"速読"と"精読"と２つの異なる読解スキルがあるのではありません。速読とは，「精読が速くできる」ことです。「急がば回れ」です。まずは一文一文の文型や構造を確認し，分からない単語があれば英和辞書で確認し，ゆっくり読み進めましょう。ゆっくり正確に読む訓練を積むことで，やがて速く正確に読めるようになってくるはずです。和訳も学習方法としては非常に効果的です。読んでいる英文の「どこが分かって，どこが分からないのか」，自分自身で確認できるからです。セイ読は，「精」読であり，「誠」読であり，そして，「正」読です。精密に読む，誠実に読む，正確に読む──これこそがハイスコアへの"近道"です。

以下は本書で利用できる Web 模試における操作方法です。実際の試験も同様の操作方法となっています。掲載している画像は Web 模試のものです。

❶ パッセージを読む画面

まず，右の画面のように，ウインドウにパッセージが表示されます。ウインドウを下までスクロールしたら **CONTINUE** をクリックして設問に進みます。下までスクロールしないと先には進めません。

❷ 四肢選択問題

4つの選択肢の中から正しいものを選ぶ問題です。画面の左側にパッセージが表示され，右側に設問が表示されます。選択肢の ◯ をクリックして解答します。新たに別の選択肢の ◯ をクリックすることで解答を変更できます。次の設問に進む場合は **NEXT** を，前の設問に戻る場合は **BACK** をクリックします。

❸ 文挿入問題

パッセージの適切な箇所にセンテンス（文）を挿入する問題です。画面の右側に設問が表示され，左側に■が挿入されたパッセージが表示されます。センテンスを挿入したい箇所の■をクリックするとそこにセンテンスが挿入された形になります。新たに別の■をクリックすることで解答を変更することができます。

❹ 選択肢をドラッグして解答する問題

複数の選択肢をそれぞれ適当な項目に当てはめる問題です。適切と思われる選択肢を解答欄へドラッグして解答します。解答欄へ移動させた選択肢を元に戻すには，その選択肢を元あった選択肢一覧までドラッグする必要があります。* この形式では，画面に設問しか表示されないので，パッセージを見たいときは **VIEW TEXT** をクリックします。

すべての設問に解答し，最後に **CONTINUE** をクリックすると終了します。

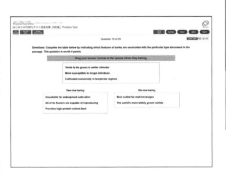

*実際の試験では，いったん解答欄へドラッグした選択肢をクリックすると，選択肢が元に戻るので，改めて別の選択肢をドラッグして解答を変更できます。

❺ Glossary（用語解説）の機能

パッセージ中に青字で表示され下線が引かれている語句には解説が付いています。語句をクリックすると画面内にウインドウが開き，解説が表示されます。

❻ 解答一覧（未解答の問題がチェックできる機能）

REVIEW をクリックすると問題の一覧が表示されます。まだ解答していない設問を確認し，その設問に戻ることができます。

※画像はすべて，実際の画面とは異なることがあります。

Listening | TOEFL iBT のリスニング問題

TOEFL のリスニングは非常に内容が高度で，一言で言えば「耳を使ってのリーディング」のようなものともいえます。ただし，リーディングでは，読む速度を自分で調整したり，任意の箇所を読み返したりできますが，リスニングではそうはいきません。情報は音声を通して1回，しかも，「ナチュラルスピード」（英語のネイティブスピーカーの一般的発話速度）で流れてくるだけです。リーディングと同様，リスニングでも大切なのは話の構成・展開の把握です。また講義タイプの問題では，聞きながら大切なポイントをメモするスキルも必要です。

1 リスニング問題の形式

　TOEFL のリスニングでは2つの会話と3つの講義を聞き，設問に答えます。各会話には5問の，各講義には6問の設問があります。講義には，講師だけでなく学生も発言をするディスカッション形式のものもあります。リスニングは1つの会話と1〜2つの講義をひとまとまりとしたパートが2つ放送され，試験時間は全部で36分です。試験中はいつでもメモを取ることができます。なお，音声は北米アクセント（アメリカ・カナダ）で読まれることがほとんどですが，イギリス・オーストラリア等のアクセントで読まれる場合もあります。

2 リスニング問題の傾向

❶ 会話

　キャンパスを舞台にした会話が多く出題されます。学生同士，教授と学生，学生と職員など，キャンパスライフを題材にした内容です。講義とは異なる，日常的な会話のスタイルやスピードについていける聴解力が必要です。口語的な表現や，大学用語に関する知識も欠かせません。この対策には，本書の APPENDIX 1（キャンパスで使う英語）の学習が役立ちます。

❷ 講義（教授1人が話す形式）

　まさに音声版の「リーディング」です。講義で取り上げられるテーマは，リーディングと同じように，人文・社会・自然科学と多種多様です。読んでも難しい内容を，耳で聞いて理解するのは容易ではないかもしれません。語彙レベルは高くても，講義の構成は明快ですので，まずは話の流れをつかめるようトレーニングしましょう。

❸ 講義（ディスカッション形式）

　教授 1 人による講義よりも，教授と学生との質疑応答，学生同士の意見交換が入るディスカッションは，話の展開がより複雑になるため，内容把握はより難しく思われるかもしれません。「教授の質問のポイントは何か」「学生の疑問点は何か」と，常に論点の推移を追いかけなければなりません。実際の教室にいて，自分もディスカッションに参加している気持ちでアプローチしましょう。

3 リスニング問題のアプローチ

❶ 会話では「5W1H」をつかむ

　会話タイプの問題では，5W1Hをつかむのが先決です。When「いつ」，Where「どこで」，Who「誰と誰が」，What「何について」，Why「なぜ」，How「どのような雰囲気で」話をしているのか。会話は長くなるほど難しくなるのではなく，むしろ設問解答の根拠となる情報がより多くなる，と考えてください。会話のポイントとなる語や表現は複数回，繰り返される傾向があります。ただし類似の表現で言い換えられていることが多いので注意が必要です。

❷ 講義では「流れ」をつかむ

　講義形式の問題で大事なのは，まずは圧倒されないこと。アカデミックな内容で難易度も高く，またアメリカ式の議論に慣れていないと，最初はかなり戸惑うかもしれません。100%聞き取ろうと焦るのではなく，まずは全体の「流れ」をつかむことから始めましょう。設問で問われるような重要なポイントは，スピーカーがシグナルワードを使って強調してくれます。シグナルワードとは例えば次のような表現です。

〈シグナルワードの例〉

There are three reasons why ...「…には 3 つの理由があります」
First ..., Second ..., Finally ...「第一に…，第二に…，最後に…」
And most important ...「とりわけ重要なのは…」
Remember that ...「忘れないでください…」
On the other hand ...「これと対照的なのは…」
Furthermore ...「さらに…」
In conclusion ...「結論として言えるのは…」

　こうした表現の後には，重要な情報がくるわけですから，必要に応じて素早く，箇条書きでメモしておきましょう。

❸ メモを取る

　講義はかなりの長さなので，設問に解答するまで，内容をすべて記憶しておくことは困難です。設問で問われそうな重要な情報はしっかりメモしておきましょう。もちろん聞きながらですから，文章をそのまま書き留める余裕はありません。あくまでも速記的に，略称・記号・矢印などを使い，箇条書きや樹形図式にまとめるようにしましょう。こうしたノートテイキングのスキルは，留学先で，実際に授業を受けるときにも欠かせません。

4　学習アドバイス

　リスニングは「耳」の訓練と思ってしまいますが，ただ録音された音声を聞き流すだけではあまり効果はあがりません。大事なのは自分の「口」で実際に発音し，それを自分の「耳」で確認する，ということです。自分で「発音し分ける」ことのできない音は，「聞き分ける」こともできないからです。同じように，自分で「知っている語」は聞き取れますが，「知らない語」は聞き取れないものです。仮に音声として聞き取れても，その意味が分からなければ内容は理解できません。ですからボキャブラリーのトレーニングは，リスニングのためにも，欠かせません。リーディングやリスニングの練習量を増やし，その中で出てくる知らない単語や表現を，辞書で調べ，ノートにまとめ，繰り返し発音したり書いたりして覚えるようにしましょう。語学に限らず勉強は，そのプロセスが面倒で手間暇かかる方が，結果的に効果があるものです。

5 リスニング問題操作方法

❶ リスニング

会話や講義の行われている写真が表示され，音声が流れます（講義を扱う問題のはじめには，この前に，画面に英文でテーマが表示されます）。画面の右上にテストを通しての制限時間が表示されますが，音声が流れている間はカウントされません。音声は一度しか流れません（ただし，音声の一部をもう一度聞いてから解答する設問もあります。その場合は指示があります）。

❷ 四肢選択問題

4つの選択肢の中から正しいものを選ぶ問題です。質問と選択肢が表示され，質問が読まれるので，選択肢の ◯ をクリックして解答します。新たに別の選択肢の ◯ をクリックして解答を変更できます。選択問題では，4つの選択肢から1つを選ぶ問題がほとんどですが，4つ以上の選択肢から2つ以上を選ぶ設問もあります。その場合は指示があります。解答を選択し， **NEXT** をクリックすると前の問題には戻れません。

❸ 選択肢ごとにチェックマーク（Yes / No など）を入れる問題

選択肢ごとに Yes か No かを解答する問題です。空欄をクリックしてチェックマークを表示することで解答します。もう一方の解答の空欄をクリックすると解答を変更できます。なお，この他に，選択肢をドラッグして解答するタイプの問題もあります。操作方法はリーディング問題操作方法❹（p. 23）と同じなので参照してください。

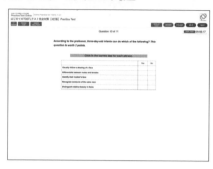

❹ キーワードの表示

講義の中で重要なキーワードが話された場合，右の画面のようにスペリングが表示されます。

※画像はすべて，実際の画面とは異なることがあります。

Speaking | TOEFL iBT のスピーキング問題

スピーキングは"英会話"のテストではありません。求められているのはあくまでもアカデミックな英語，つまり大学の授業で使う英語です。発音は良いに越したことはありませんが，もっと大事なのは話の「構成・論理展開」です。口語表現やスラングで流暢さを装うのではなく，授業でのプレゼンテーションや，面接での自己アピールのように，理路整然とポイントを押さえた話し方を心がけましょう。

1 スピーキング問題の形式

TOEFL のスピーキングはマイク付ヘッドホンを装着して受験します*。画面を見ながらマイクに声を吹き込む形で解答し，録音された音声は ETS に送られて採点されます。このセクションでは，スピーキングのみの Independent task（独立型）と，リーディングとリスニング（またはリスニングのみ）に続いてスピーキングを行う Integrated tasks（統合型）が出題されます。テストの詳しい構成は，以下の通りです。

No. 1　Independent task（スピーキングのみ）
▶ 解答準備時間：15 秒
▶ 解答時間：45 秒

No. 2, 3　Integrated tasks（リーディング＋リスニング＋スピーキング）
① パッセージを読む：45 秒程度
② 同じテーマの会話か講義を聞く
③ ①と②についての質問に口頭で解答
▶ 解答準備時間：30 秒
▶ 解答時間：60 秒

No. 4　Integrated task（リスニング＋スピーキング）
① 講義の一部を聞く
② ①に関連する質問に口頭で解答
▶ 解答準備時間：20 秒
▶ 解答時間：60 秒

*本書特典の Web 模試を利用して CHAPTER 2 の Practice Test を体験する場合もマイク付ヘッドホンなどの録音機器がお勧めです。準備ができない場合は，別途レコーダーなどで解答を録音することをお勧めします。

・テスト中はどの段階でもメモを取ることができます。

・リーディングのパッセージは解答時に読み直すことはできません。

・リスニングの音声は一度しか流れません。また，音声は，北米アクセント（アメリカ・カナダ）で読まれることがほとんどですが，イギリス・オーストラリア等のアクセントで読まれる場合もあります。

・話し方，話題の展開，言語運用などが評価されます（本書 p. 172〜173 を参照のこと。より詳しい採点基準は ETS のウェブサイトに掲載されています）。

2 スピーキング問題の傾向

　Independent task では，身近なトピックについて自分の意見を述べるよう求められます。しかし熱を込めて語ることを求められているわけではありません。テーマにかかわらず基本は「主張」，続いてその「理由」の列挙です。Integrated tasks で取り上げられる話題は，「キャンパスライフ」と「授業内容」の 2 つに大別できます。前者では，寮生活や大学の施設など，キャンパスライフに関する事柄について読み / 聞き，設問に答えます。後者では，学問的なトピックに関するパッセージを読んだり，講義を聞いたりして設問に答えます。内容や語彙から言って，「授業内容」に関する問題の方がより難しく思えるかもしれません。

3 スピーキング問題のアプローチ

❶ スピーキングの「型」

　スピーキングの基本は，一定の「型」を意識して話をすることです。まず自分が「何について話しているのか」（どのような質問に答えているのか）を明言します。「○○という考えに対して，賛成か反対か」との問いに対しては，まず「私は賛成です［反対です］」と，自分の主張を明言します。続いて，その理由や根拠を，シグナルワードを用いながら，「私がそう考える理由は2つあります。1つの理由は…，もう1つの理由は…です」のように，分かりやすく展開します。そして最後には，「以上，…と…の2つの理由で，私は○○という考えに賛成です［反対です］」と全体をまとめ直して，話を締めくくります。解答準備時間内に，以上のアウトラインを素早く組み立てメモしておくとよいかもしれません。

❷ 発音・アクセントについて

　発音やアクセント，イントネーションも採点対象に含まれています。しかし英語ネイティブスピーカーをオーバーにまねる必要はありません。日本語話者が一般に不得意とされるLとRの区別や，thの発音にも注意しましょう。I think ... の think を「シンク」と発音してしまうと I sink「私は沈む」になってしまいます。well, uh, um「えーっと」「うーん」「あのー」や you know「ほら」，like「なんか」などのフィラー（filler：会話の間を埋める表現）は使わないようにしましょう。I mean, kind of, sort of, stuff など口語的に過ぎる表現も控えましょう。

❸ 気後れせずに

　試験会場では他の受験生も一斉にスピーキングの解答を始めます。リスニングのためにヘッドホンをつけていますが，近くの人が話しているのが聞こえてきますし，また自分の解答の様子も聞かれてしまいます。しかしここで気後れしていては始まりません。コンピュータのモニターが話し相手だと想像し，しっかりと“目”を見て，落ち着いて話すようにしましょう。解答時間が45～60秒と短いので，常に残り時間を意識しましょう。

4 学習アドバイス

　ライティングやリスニングとは異なり，スピーキングを独学でトレーニングするのはなかなか大変です。最も効果的なのは，とにかく擬似的な留学環境の中で，実際に話すことです。英文法の基礎があり，リーディングやライティングがある程度できるようになれば，スピーキングの能力は後からおのずとついてくるものです。ただし，「英会話」と称して単におしゃべりをするのではなく，勉強会や読書会スタイルの方がよいでしょう。そこに英語のネイティブスピーカーがいなくても構いません。TOEFL を受験する友人数人で集まって，英語のドキュメンタリーを見たり，英字新聞の論説を読んだりして，ディスカッションしてみてください。最近では，オンラインで実際に会話ができるサービスも色々とあるので，これらを活用するのも良い方法です。もっとも，議論すること自体に慣れていないというのは，英語以前の問題です。その場合には，まず日本語で自分の意見をはっきりと表現できるようにトレーニングすることが必要です。1 人の場合には，ストップウォッチを片手に，鏡に向かって話し，自分の解答を録音してみてください。鏡の中の自分に見られながら話すのも，結構緊張するものです。もちろん録音は後から聞き返して自己採点してください（自己採点方法は CHAPTER 4（p. 170〜173）を参照）。最大のポイントは，繰り返しになりますが，話の「組み立て方」です。

5 スピーキング問題操作方法

ここでは Integrated tasks のうち，No. 2, 3（リーディング＋リスニング＋スピーキング）を例に操作方法を説明します。No. 4（リスニング＋スピーキング）の手順は❷以降，Independent task（No. 1）の手順は❸のみとなります（各設問の形式に関する説明は p. 29 をご覧ください）。

❶ リーディング

画面に短いパッセージと制限時間が表示されます。制限時間になると自動的にリスニングに進みます。

❷ リスニング

画面には会話か講義の様子が写真で表示され，リーディングと同じテーマに関する会話か講義が流れます。

❸ スピーキング

画面に設問と，準備の制限時間，スピーキングの制限時間が表示されます。準備時間が終了すると合図がありますのでスピーキングを開始します。準備時間，スピーキングの時間ともに，残り時間が画面に表示されます。

※画像はすべて，実際の画面とは異なることがあります。

Writing | TOEFL iBT のライティング問題

ライティングの解答作成の最高のお手本は，リーディングセクションのパッセージです。つまり，論理的で明快な文章の作成です。難解な語や，複雑な構文を使う必要はありません。基本はとにかく，「シンプルかつストレートに」です。いわゆる「作文」ではなく，短いながらも「論文」として適切な構成と表現が求められます。もちろん構成が良くても，スペリングミスや文法ミスがあっては台無しです。

1 ライティング問題の形式

　TOEFL のライティングでは，キーボードによるタイプで解答し，ETS に送信されたものが採点されます。このセクションでは，リーディングとリスニングに続いてライティングを行う Integrated task と，リーディングに続いてライティングを行う Academic Discussion task の2種類の問題が出題されます。テストの詳しい構成は以下の通りです。

　　Integrated task （リーディング＋リスニング＋ライティング）
　　① 短めの文章（アカデミック）を読む：3分
　　② 同じテーマの講義を聞く
　　③ ①と②の内容に関するエッセイを作成（①の文章は見ることができる）
　　▶解答時間：20分
　　▶語数の目安：150〜225語

　　Academic Discussion task （リーディング＋ライティング）
　　① 教授と学生のやりとりを読む
　　② 自分の意見を書く（①の文章は見ることができる）
　　▶解答時間：①と②合わせて10分
　　▶語数の目安：100語以上

・テスト中はどの段階でもメモを取ることができます。
・リーディングのパッセージは解答時にも表示されます。
・手書きによる解答はできません。
・構成，一貫性，言語運用などが評価されます（本書 p. 178〜179 を参照のこと。より詳しい採点基準は ETS のウェブサイトに掲載されています）。

2 ライティング問題の傾向

Integrated task は，一言で言えば，大学での勉強のシミュレーションです。Reading → Listening → Writing の問題の流れは，そのまま「予習課題を読む」→「講義を聞く」→「レポートを書く」という，大学生活の基本パターンに対応しています。実際のレポートよりは短いので，その"縮小版"といったところです。Academic Discussion task は，オンライン上で行う教授と他の学生との意見交換と考えればよいでしょう。どちらも実際の大学生活で求められるスキルなので，レポートや文章作成の大原則に則している必要があります。

3 ライティング問題のアプローチ

❶ ストレートに答える

設問に正面からストレートに答えるのが基本中の基本です。リーディングとリスニングの内容の相違点を求められたら，「相違点は 3 つあります。第一は…，第二は…，第三は…」と明快に答えましょう。同様に，他の人の意見を基に自分の意見を述べるときも「私は〇〇という意見です。第一の理由は…。第二の理由は…。」というように明確に答えましょう。既に出た意見に賛成もしくは反対するだけで終わらせてはいけません。新たな観点を含めその立場をとる理由を述べたり，自分独自の視点で意見を述べ，続けてその理由を付け加えたりしましょう。ディスカッションに積極的に参加し，全体の議論がより内容豊かになるよう貢献するのがポイントです。

❷ 構造

❶とも関連しますが，大切なのは「構造」です。一文一文の「文構造」（主述の対応，動詞の語法，修飾—被修飾関係など）はもちろんのこと，「文間構造」（文から文への流れ），また「段落間構造」（段落から段落への展開）にも留意しなくてはなりません。アカデミックな文章は，英語でも日本語でも，"つれづれ"と心に浮かぶことを書くのではなく，しっかりとした"設計図"（アウトライン）を基に，素材を組み上げて作成するものです。

❸ 結論が先，最後に締め

明快な構成をもつ論文を書くためには，「まず結論から先に」が基本です。「起→承→転→結」ではなく，「結論＝主張→論拠 1，論拠 2，論拠 3…」の展開です。また論拠を羅列して終わるのではなく，必ず最後にもう一度結論＝主張を繰り返して，文章を「締める」ようにしましょう。このとき，冒頭の結論＝主張をそのまま繰り返すのではなく，パラフレーズ（言い換え）するのが理想的です。

4 学習アドバイス

　日本の受験英語は役に立たない"試験用の英語"，TOEFL は実用的な"生きた英語"，そんなふうに考えてはいませんか。そんなことはありません。実は TOEFL ほど，受験英語が本領を発揮するテストはないと言ってもよいほどです。特にライティングセクションはそうです。英文を書くということは，適切な単語を，適切な語法で，適切な順序で配列するということに他ならず，この「適切さ」を定めているのが文法です。もしあなたが，「5 文型」「仮定法」「分詞構文」「関係詞」「to 不定詞」などに少々不安があるようであれば，TOEFL の問題集の他に，大学受験レベルの文法書（『ロイヤル英文法』（旺文社）など）や参考書を準備して，まずは文法の基礎固めからスタートしましょう。正確な文法知識と豊富な語彙は留学後の勉強にも大いに役立ちます。英語ネイティブスピーカーの学生と互角以上にディスカッションするのはなかなか大変です。しかし，彼女ら・彼らよりも，もっと良いレポートや論文を書くことは，時間と労力を惜しまなければ，決して不可能ではありません。

5 ライティング問題操作方法

　ここでは❶〜❸で Integrated task の，❹で Academic Discussion task の操作方法を説明します。❺は両方の形式に共通です（各設問の形式に関する説明は p. 34 をご覧ください）。

❶ リーディング

　まず画面にパッセージが表示されます。リーディングの制限時間は 3 分間で，残り時間が画面右上に表示されます。制限時間になると自動的にリスニングに進みます。

❷ リスニング

　画面には右のように講義の様子が表示され，❶のパッセージと同じテーマの講義が流れます。

❸ 質問

　画面上に指示と設問が表示されます。画面左には❶のパッセージがもう一度表示されます。画面右の空欄に解答をタイプすることになります。残りの解答時間が画面右上に表示されます。

❹ オンラインディスカッション

　Academic Discussion task では，画面上に指示と設問，教授と学生のやりとりが表示されます。画面右下の空欄に解答をタイプすることになります。残りの解答時間が画面右上に表示されます。

❺ 各アイコンの操作方法

　タイプしている途中で解答を修正する場合，ライティングスペースの上にある各アイコンを用いて操作することができます。解答の一部を削除する場合，マウスをドラッグして該当箇所を選択してから **CUT**「削除」のアイコンをクリックします。いったん削除したものを貼り付ける場合は，貼り付けたい位置にカーソルを動かしてから **PASTE**「貼り付け」のアイコンをクリックします。何かを操作した後，その操作の1つ前の状態に戻したい場合は **UNDO** をクリックします。取り消した操作をやり直したい場合は **REDO** をクリックします。なお，アイコンの右側にはその時点までに入力されたワード数が表示されます。

※画像はすべて，実際の画面とは異なることがあります。

その他の注意点

最後に，受験を検討する上で知っておくべき点をいくつか確認しておきましょう。

1 MyBest スコア

　2019 年 8 月から，各回のスコアの他に「MyBest スコア」と呼ばれるスコアも成績に表示されるようになりました。これは，過去 2 年以内に複数回受験した場合，そのうちの 1 回だけを利用するのではなく，セクションごとにいちばん良かった回を組み合わせることができる，という制度です。以下の例を見てみましょう。

	1 回目の受験	2 回目の受験	MyBest スコア
リーディング	**25**	20	**25**
リスニング	20	**22**	**22**
スピーキング	15	**18**	**18**
ライティング	20	**22**	**22**
合計	80	82	**87**

　過去に複数回受験したうちの 1 回しかスコアを提出できないのであれば，合計スコアがいちばん高い 2 回目を提出することになりますが，2 回目よりも良かった 1 回目のリーディングのスコアは活用できません。
　一方，MyBest スコアを利用すれば，リーディングはいちばん良かった 1 回目，それ以外はいちばん良かった 2 回目のスコアを利用して，合計 87 点とすることができます。
　ただし，この MyBest スコアを利用できるかどうかは留学先の大学などの判断によります。利用できるかどうか，必ず確認してから提出するようにしましょう。

2 TOEFL iBT Home Edition

　TOEFL iBT テストでは，会場で受験する形に加えて，自宅でも受験することが可能です。TOEFL iBT Home Edition と呼ばれています。

　出題形式は会場受験と全く同じです。感染症予防などのために外出を避けることができるだけでなく，自宅の慣れた環境で，周囲から聞こえるスピーキングの声に惑わされずに受験できるというメリットがあります。受験の際は，会場受験と同じく ETS の公式サイトから申し込みます。

　ただし，いくつか注意すべき点があります。まず，留学先の大学などが Home Edition のスコアを受け入れていない場合があります。スコアが受け入れられているか，必ず確認してから受験をしましょう。

　また，使用できる機器や受験環境に制約があるので，必ず事前に TOEFL テスト公式サイト等を確認しましょう。例えば，会場受験では紙に鉛筆でメモを取りますが，自宅受験ではそれができず，メモに使えるものが決まっています。机や服装などにも制約があります。

　最後に，インターネットを使用するという性質上，技術的なトラブルなどが起こることがあります。場合によっては，試験中に試験監督者とやりとりすることになったり，試験が中止になってしまったりする可能性もあります。そういったことも想定して，必要なスコアを提出する締め切りの直前に受験するのは避け，できるだけ余裕をもって受験するよう心がけましょう。

CHAPTER 2

Practice Test 問題

Passage 1

■解答一覧　p. 76
■解答・解説　p. 78～92

Brain Size and Social Capacity

1   Primates such as monkeys, chimps, baboons, and humans have the biggest brains of all mammals. More important, the region of their brains which deals with conceptual thought and complex reasoning is huge by the standards of other mammals. For years, scientists have debated why this portion of the brain—the neocortex, as it is called—is so big. One popular hypothesis is that our brains evolved because our primate ancestors undertook more sophisticated food-collecting: instead of just munching on grasses and leaves they began consuming fruit, an activity which takes more thinking-power. In order to collect fruit, you need to be able to create mental maps—to find your way there and back. You also need to consider ripeness, and be able to peel away skin to get at the flesh of a fruit. The shortcoming of this theory is that if you try to connect brain size with eating patterns among primates, it does not stand up to scrutiny. There are leaf-consuming primates with bigger brains and fruit-consuming ones with smaller brains, just as there are primates with relatively little cortices who trek long distances for their food and primates with large brains who stay in their own neighborhood to eat. The food hypothesis goes nowhere.

2   So the question is, what in fact does correlate with brain size? The answer, according to British anthropologist Robin Dunbar, the father of the "social capacity" theory, is group size. If you look at any species of primate—at every variety of monkey and ape, that is—the larger their neocortex is, the larger the average size of the groups they live with.

3   Dunbar's contention is that brains evolve and enlarge in order to handle the complexities of bigger social groups. If you belong to a group of five people, Dunbar points out, you have to keep track of ten separate relationships: your relationships with the four others in your circle and

the six other two-way relationships between the others. In essence, this is the important data needed to "know" the group, which means you have to understand the interpersonal dynamics of its members, cope with different personalities, preserve group harmony, and handle the demands on your own time and attention. If you belong to a group of twenty people, however, there are now 190 two-way relationships to keep track of: 19 involving yourself and 171 involving the rest of the group. That consists of a four-fold boost in the size of the group, but a nineteen-fold jump in the amount of information-processing needed to comprehend it. Even a relatively small increase in the size of a group, in other words, creates an enormous additional social and intellectual load.

4   Humans organize themselves into the largest of all primate groups because we are the only mammals with appropriate brain-body ratios to deal with the complexities of that social arrangement. Dunbar has in fact come up with an equation, accurate for most primates, where he plugs in what he calls the neocortex ratio of a particular species—the size of the neocortex relative to the size of the rest of the brain—and the equation spits out the expected maximum group size of the animal. If you plug in the neocortex ratio of *Homo sapiens*, you get a group estimate of 147.8, or roughly 150. This figure of 150 seems to represent the maximum number of individuals with whom humans are able to have a social relationship; that is, the kind of relationship in which one knows who the other individuals are and how they relate to us.

5   **A** Dunbar has also examined anthropological literature and noticed that the number 150 appears over and over. **B** For example, he examined 21 different hunter-gatherer societies for which we have reliable historical records and found that the average number of people in their villages was 148. The same pattern holds true for military organization. Dunbar writes, "Over the years military planners have arrived at a rule of thumb which dictates that functional fighting units cannot be substantially larger than 200 men." **C** Dunbar concludes that over the centuries generals also discovered, by trial and error, that it is tough to

get more than this number of men sufficiently familiar with each other so that they can function as an effective unit. With groups smaller than 150, orders can be executed and behavior controlled on the basis of personal loyalties and person-to-person relationships. **D**

1 The phrase this theory in paragraph 1 refers to the concept that

   Ⓐ increased social capacity leads to complex behavior

   Ⓑ complex eating habits enlarge the neocortex

   Ⓒ consuming fruit nutritionally enriches the brain

   Ⓓ foraging over longer distances stimulates mental ability

2 In paragraph 1, why does the author mention the brain size of leaf-eating and fruit-eating primates?

   Ⓐ To refute a commonly held viewpoint

   Ⓑ To illustrate the use of mental maps

   Ⓒ To support a previously dismissed theory

   Ⓓ To establish the basic categories of primates

3 What can be inferred from paragraph 3 about mental demand as the size of a group increases?

   Ⓐ It remains relatively stable.

   Ⓑ It rises steeply.

   Ⓒ It increases incrementally.

   Ⓓ It peaks when the group reaches 150.

4 The phrase spits out in the passage is closest in meaning to

   Ⓐ alters

   Ⓑ reiterates

   Ⓒ discards

   Ⓓ calculates

5 In paragraph 4, the author indicates that

Ⓐ small family units were the basis of early societies
Ⓑ social relationships revolve around consumption
Ⓒ contemporary human organizations are now unbalanced
Ⓓ humans can have social relationships with up to 150 people

6 Which of the sentences below best expresses the essential information in the highlighted sentence in the passage? Incorrect choices change the meaning in important ways or leave out essential information.

The same pattern holds true for military organization.

Ⓐ Military organizations share a similar hierarchy.
Ⓑ Basic military units are roughly the same size.
Ⓒ Militaries can be viewed as an evolution of hunting societies.
Ⓓ The effectiveness of a military unit depends upon its human relationships.

7 In paragraph 5, the author refers to what type of evidence supporting Dunbar's theory?

Ⓐ African literature
Ⓑ Academic studies
Ⓒ Political history
Ⓓ Scientific experiments

8 Which of the following statements probably best reflects the author's opinion of the theory of social capacity and brain size?

    Ⓐ It is an intriguing and well-supported hypothesis.

    Ⓑ It is one of several reasonable explanations for the phenomena.

    Ⓒ It contradicts a great deal of contemporary anthropological evidence.

    Ⓓ Much more data needs to be gathered before it can be seriously considered.

9 Look at the four squares [■] that indicate where the following sentence could be added to the passage.

With larger groups, this becomes impossible.

Where would the sentence best fit?

       Click on a square [■] to add the sentence to the passage.

10 **Directions**: An introductory sentence for a brief summary of the passage is provided below. Complete the summary by selecting the THREE answer choices that express the most important ideas in the passage. Some sentences do not belong in the summary because they express ideas that are not presented in the passage or are minor ideas in the passage. *This question is worth 2 points.*

Drag your answer choices to the spaces where they belong.
To remove an answer choice, click on it.

The larger the brain, the greater the social capacity of an animal.

-
-
-

Answer Choices

① Even a small increase in the size of a social group adds considerably to the mental ability needed by its members.

② Food-gathering skills directly correspond with the speed at which a primate's brain evolves.

③ Military planners have learned to efficiently organize groups that are larger than humans' natural capacity.

④ The size of a primate's brain correlates directly with the size of its common social group.

⑤ A number of anthropologists have independently confirmed Dunbar's claims and observations.

⑥ In a variety of settings, humans seem to have a natural limit to the size of the group in which they can function well.

Ownership of Culture

1   During the 1980s, the question of ownership of artifacts, both tangible and intangible, originating in the world's indigenous societies started to become a major social issue among anthropologists, politicians, and, especially, the indigenous peoples themselves. Up until that time, neither the general public nor academics researching these cultures, including museum curators, paid much attention to whether the information and objects they examined should be treated as someone else's property. In recent years, however, there have been many efforts undertaken to examine the ethical and economic questions raised by the worldwide circulation of indigenous art, music, and biological knowledge. In many ways, this debate parallels other debates related to intellectual property rights and technology transfer.

2   The notion of culture as a system of shared behavior and shared understandings, which gained increasing acceptance in the 1970s and 1980s, meant that such related concepts as "heritage" and "tradition" came to be viewed by some as resources that groups "own" and need to defend against competing interests. At the same time, science and technology created a situation where culture arguably could be considered a commodity. The market's insatiable appetite for novelty turned unfamiliar folktales, art, and music into commercial resources. Advances in pharmacology and agriculture have enabled the increased utilization of native plants and crops, yielding medicines or foods that could, according to the law, be patented.

3   For many anthropologists, particularly those in the industrialized countries, the creative mixing of cultures is viewed as an ideal. A technical term has even been invented to account for this phenomenon: "hybridity." Scholars interested in hybridity point to the ways that objects and technologies from the West are reshaped to fit the needs of the local contexts in the developing world. Ironically, many of the peoples whose

hybridity has been so enthusiastically documented become upset when it is their own culture that begins to flow elsewhere. On a practical level, some of these objections are economic in nature, as indigenous peoples often are not adequately compensated. More often than not, however, the resentment stems from the feeling that people are no longer in control of their own traditions, hence their own identities.

4   On one side of the argument, the legal scholar Lawrence Lessig invokes Einstein's Theory of Relativity to make the claim that resources in the public domain are inherently inexhaustible. One person's positing of a theory places no limits on anyone else's. Many elements of the world's religious practices would, at least on the surface, appear to be so as well. Adoption of some elements of one religion by followers of another religion does not prevent the adherents of the original religion from practicing their faith.

5   Indigenous leaders do not see it in the same way, though. They believe that the transfer of their traditional ways cannot take place without corruption and, ultimately, irreparable harm. Consider the case of the sacred Native American sweat house ritual, which has been adopted by some middle-class Anglo-Americans in their own, often superficial, quest for spiritual authenticity. Native critics insist that practitioners who do not follow proper sweat house rules are unwittingly guilty of blasphemy and cultural aggression. If one accepts this logic, it is easy to see how the transfer of artifacts and the utilization of native herbs and medicinal practices could also be considered to be improper.

6   The global expansion of the Internet has magnified these concerns. The day has already come when the vastness of human knowledge is available online to nearly everyone. And, to be sure, the notion of free access to knowledge is part of the foundation of a modern democratic society ▣ The stewards of indigenous culture find this prospect greatly unsettling, even horrifying. They fear that the uncontrolled replication of ceremony, music, and graphic arts, which is facilitated by new electronic

media, threatens to strip away the deeply rooted cultural elements upon which these are based, undermining their authenticity and spreading misconceptions about indigenous culture to others. **B** To counter this, many advocates of native rights aim to protect the integrity of native cultures by enacting laws that treat and protect heritage much like a tangible resource. As support for their demands, they point to recognition of political sovereignty for native peoples in lands like Canada. **C** These advocates further argue that political sovereignty is meaningless without cultural sovereignty.

7   Yet, these creative definitions of cultural copyright come with substantial risks. If cultural artifacts are turned into property, their uses will be defined and directed by law. **D** One lesson taught by the twentieth century is that there is good reason to be wary of trying to impose absolute solutions on complex problems. A balance must be struck between the interests of indigenous groups and the requirements of liberal democracies, which generally grant citizens free exchange of information. Ultimately, it is a matter of dignity. Reframed as a question, the issue should not be "Who owns native culture?" but "How can we promote the respectful treatment of native cultures and their artifacts within mass societies?"

1 Which of the sentences below best expresses the essential information in the highlighted sentence in the passage? Incorrect choices change the meaning in important ways or leave out essential information.

In many ways, this debate parallels other debates related to intellectual property rights and technology transfer.

Ⓐ The discussion of intellectual property rights cannot be separated from a discussion of technology transfer.

Ⓑ Both indigenous peoples and researchers must openly debate the question of which technology can be transferred.

Ⓒ The worldwide circulation of indigenous artifacts is unethical and a violation of intellectual property rights.

Ⓓ The issue of ownership of cultural artifacts is akin to the question of copyright and patent rights.

2 Which of the following points does the author make in paragraph 2 concerning the ownership of indigenous culture?

Ⓐ The issue was essentially resolved during the 1970s and 1980s.

Ⓑ Patent law can be used to mediate most conflicts related to this issue.

Ⓒ The recognition of this issue helped lead to a definition of culture.

Ⓓ Technological advances have helped bring the issue to the forefront.

3 In paragraph 3, the author implies that the main reason indigenous peoples are concerned about hybridity is that they

Ⓐ are not benefiting economically

Ⓑ are not comfortable with the idea of hybridity

Ⓒ feel their talents are not fully appreciated

Ⓓ perceive they are losing their identity

4 The word places in the passage is closest in meaning to

    Ⓐ imposes

    Ⓑ deposits

    Ⓒ clarifies

    Ⓓ articulates

5 It can be inferred from the passage that a strict adherent of protecting indigenous culture would probably NOT object to

    Ⓐ a national airline using a non-native animal as its symbol

    Ⓑ a native dance contest with non-native participants

    Ⓒ the sale of ancient native dishes to collectors

    Ⓓ the use of sacred native artifacts as commercial jewelry

6 Why does the author use the example of the sweat house ritual in paragraph 5?

    Ⓐ To give a further example of an inexhaustible resource

    Ⓑ To illustrate how a sacred practice is being misused

    Ⓒ To warn non-native people of the ritual's harmful effects

    Ⓓ To show how some people willingly desecrate native traditions

7 The word enacting in the passage is closest in meaning to

    Ⓐ passing

    Ⓑ following

    Ⓒ proposing

    Ⓓ disallowing

8 Which of the following statements most accurately reflects the author's opinion about the ownership of cultural artifacts?

(A) Indigenous peoples are entitled to compensation for past acts of cultural aggression.

(B) The rights of the society as a whole are more important than the rights of any individual group.

(C) The issue is unlikely to be solved through legislation or the institution of formal guidelines.

(D) There are ample precedents in copyright law which can be used to settle most disputes over artifacts.

9 Look at the four squares [■] that indicate where the following sentence could be added to the passage.

Though the scope of this acknowledgment has been relatively modest, several other countries, including New Zealand and Australia, have implemented laws guarding the intangible heritage of their native populations in areas ranging from art and dance to the vocabulary of local languages.

Where would the sentence best fit?

Click on a square [■] to add the sentence to the passage.

10 **Directions:** An introductory sentence for a brief summary of the passage is provided below. Complete the summary by selecting the THREE answer choices that express the most important ideas in the passage. Some sentences do not belong in the summary because they express ideas that are not presented in the passage or are minor ideas in the passage. *This question is worth 2 points.*

> Drag your answer choices to the spaces where they belong.
> To remove an answer choice, click on it.

The question of whether cultures own their traditions and objects has been debated for several decades.

```
┌─────────────────────────────────────────────┐
│  •                                          │
│                                             │
│  •                                          │
│                                             │
│  •                                          │
└─────────────────────────────────────────────┘
```

Answer Choices

① In mass societies, people do not really understand the meaning of their own cultural traditions.

② Indigenous leaders believe that when people in other cultures adopt their practices or ceremonies, their own indigenous traditions can be harmed.

③ Ultimately, no culture has a right to claim ownership of its own practices, rituals, and objects.

④ In some countries, valuable new types of medicine have been discovered.

⑤ The Internet may significantly increase the transfer of cultural arts, songs, and rituals and separate them from their original source.

⑥ The fundamental challenge is how to encourage the respectful use of native traditions in a global society.

■ 解答一覧　p. 77
■ 解答・解説　p. 94 ～ 125

Now get ready to answer the questions.
You may use your notes to help you answer.

1 What is one reason the student talks to the professor?

Ⓐ She would like to be excused from class.
Ⓑ She wants some information about an upcoming test.
Ⓒ She does not understand an assignment.
Ⓓ She would like to hand in some work after the deadline.

2 What activity is the woman involved in outside of class?

Ⓐ She is a member of the student council.
Ⓑ She is a runner on the track team.
Ⓒ She is a tutor in the writing center.
Ⓓ She is an assistant in the biology lab.

3 What is the first step the professor suggests the student take to write better?

Ⓐ Make a record of her past errors
Ⓑ Read the essays of her classmates
Ⓒ Review her high school grammar text
Ⓓ Write multiple drafts of her essays

4 How does the professor suggest the student could generally improve her writing?

Ⓐ Use more reliable sources
Ⓑ Spend more time on drafting
Ⓒ Write a clearer thesis statement
Ⓓ Do more careful proofreading

5 **Listen again to part of the conversation.**
Then answer the question.

What does the professor imply by saying this:

Ⓐ Some students work more quickly than others.
Ⓑ All students should be treated equally.
Ⓒ Some students naturally need extra help.
Ⓓ All students can benefit from extra-curricular activities.

Psychology: Children's Perception of Beauty

Now get ready to answer the questions.
You may use your notes to help you answer.

6 What does the professor say about the topic of beauty perception in child psychology?

 (A) It has been widely researched.
 (B) It is unusually controversial.
 (C) It is increasing in popularity.
 (D) It has been little studied.

7 How did the professor define the term "cognitive"?

 (A) Related to human evolution
 (B) Related to child development
 (C) Related to a mental process
 (D) Related to scientific investigation

8 What did Judith Langlois find in her research on babies?

 (A) Babies prefer the face of their mother to other faces.
 (B) Babies intuitively prefer female faces to male faces.
 (C) Babies are biased toward faces of their own race.
 (D) Babies have the same beauty preferences as adults.

9 The professor compares babies' beauty preferences with their preferences for which of the following?

Ⓐ Food
Ⓑ Temperature
Ⓒ Music
Ⓓ Sleep

10 According to the professor, three-day-old infants can do which of the following?

> Click in the correct box for each phrase.

	Yes	No
(1) Visually follow a drawing of a face		
(2) Differentiate between males and females		
(3) Identify their mother's face		
(4) Recognize someone of the same race		
(5) Distinguish relative beauty in faces		

11 **Listen again to part of the lecture.**
Then answer the question.

What does the professor mean when she says this:

Ⓐ She does not mind repeating difficult or related information.
Ⓑ She thinks some of her terms may be unfamiliar to students.
Ⓒ She is happy to give more examples to support her points.
Ⓓ She can cite the publications in which the studies appeared.

Now get ready to answer the questions.
You may use your notes to help you answer.

1 What do we learn about the student?

Ⓐ He was ill the previous week.

Ⓑ He has been out of town.

Ⓒ He failed to return a book on time.

Ⓓ He enjoyed the library orientation.

2 According to the librarian, how can books unavailable at the library be obtained?

Ⓐ They can be recalled from other borrowers.

Ⓑ They can be quickly purchased by the library.

Ⓒ They can be read on the library's website.

Ⓓ They can be requested from other libraries.

3 What should students do if the library does not subscribe to a journal?

Ⓐ Purchase a subscription by themselves

Ⓑ Look for alternative journals online

Ⓒ Contact the publisher of the journal

Ⓓ Submit a written request to the library

4 What is indicated about the library?

    Ⓐ It is always available for student use.

    Ⓑ It is often very crowded late at night.

    Ⓒ It recently expanded the size of its collection.

    Ⓓ It frequently hosts a variety of events.

5 **Listen again to part of the conversation.**
Then answer the question.

What does the librarian mean when she says this:

    Ⓐ Students should complete their reading assignments at home.

    Ⓑ Students should print out their assigned journal articles.

    Ⓒ Students should primarily use the library's computers.

    Ⓓ Students should read a journal article more than once.

Astronomy: Pluto

 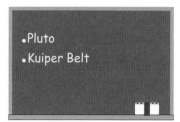

Now get ready to answer the questions.
You may use your notes to help you answer.

6 What have the students most likely been studying?

    Ⓐ Comets
    Ⓑ Asteroids
    Ⓒ Planets
    Ⓓ The Kuiper Belt

7 What quality of Pluto does the professor think best reflects its name?

    Ⓐ Its temperature
    Ⓑ Its mass
    Ⓒ Its dimness
    Ⓓ Its velocity

8 Why did scientists re-classify Pluto as a dwarf planet?

> Click on 2 answers.

Ⓐ Its rapid rotation
Ⓑ Its eccentric orbit
Ⓒ Its unusual composition
Ⓓ Its small mass

9 How does the professor think Pluto probably originated?

Ⓐ As one of Neptune's moons
Ⓑ As a comet captured by the Earth's gravity
Ⓒ As an asteroid that escaped the asteroid belt
Ⓓ As a large piece of debris from the Kuiper Belt

10 What does the professor imply about the "New Horizons" mission?

Ⓐ It was less successful than expected.
Ⓑ It was extremely expensive to fund.
Ⓒ It discovered many new objects in the Kuiper Belt.
Ⓓ It took a long time to carry out.

11 **Listen again to part of the lecture.**
Then answer the question.

What does the professor mean when he says this:

Ⓐ To suggest that the answer to the question is obvious
Ⓑ To imply that few people can solve the problem
Ⓒ To express personal doubt about the dilemma
Ⓓ To encourage students to offer an explanation

American History: Colonial Period, Government and Politics

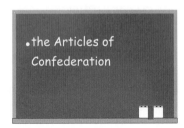

• the Articles of Confederation

Now get ready to answer the questions.
You may use your notes to help you answer.

12 What is the main topic of this lecture?

(A) An interim document for governing a new nation

(B) A precise history of the signing of the Declaration of Independence

(C) The shortcomings of the Articles of Confederation

(D) The reasons why the United States expanded its territory westward

13 Which of the following was NOT mentioned by the professor as a point of contention in the drafting of the Articles of Confederation?

(A) The extent to which slavery was to be permitted

(B) The balance of power between small and large states

(C) The responsibility for handling foreign affairs

(D) The control of land lying west of the original states

14 What does the professor say led to the final ratification of the Articles of Confederation?

   Ⓐ New York's giving up control of its western territories

   Ⓑ The exploration of unsettled land beyond the mountains

   Ⓒ Maryland's agreeing to a fixed western boundary

   Ⓓ The federal government's creation of a tax office

15 What does the professor say about the position taken by the historian John Fiske?

   Ⓐ It was highly unusual for historians of the late 19th century.

   Ⓑ It exaggerated the weaknesses of the Articles of Confederation.

   Ⓒ It underestimated the impact of the Articles of Confederation.

   Ⓓ It captured the spirit of post-revolutionary America.

16 **Listen again to part of the lecture.**
Then answer the question.

What does the professor mean when he says this:

   Ⓐ Americans were wary of a strong central government.

   Ⓑ Americans felt personal freedoms needed to be limited.

   Ⓒ Americans found it difficult to make their own government.

   Ⓓ Americans were justified in breaking away from Britain.

17 **Listen again to part of the lecture.**
Then answer the question.

Why does the professor say this:

   Ⓐ To indicate the topic is of minor significance

   Ⓑ To imply that he has already fully explained the point

   Ⓒ To avoid discussing the subject further

   Ⓓ To take a specific example to its logical conclusion

No. 1　track 37

Some universities have policies that discourage first-year students from working part-time off campus. Others encourage working part-time by offering job placement services to their students. Which policy do you think is better for first-year students and why? Include details and examples in your explanation.

> Preparation Time: 15 seconds
> Response Time: 45 seconds

Increase Planned for Meal Service

The university's food service is planning a 7-percent increase in price this fall. For the past 4 years, the price of meals has remained the same. Since the cost of basic foodstuffs has risen, the cafeteria has reduced the number of food choices to keep down prices. It has also shortened the periods when lunch and dinner are served to two hours each. In order to serve students better, provide more meal choices at lunch and dinner, and extend the meal service period to 2 1/2 hours per meal, the food service is planning this modest increase in fees.

The woman expresses her opinion about the proposed fee increase for meals. State her opinion and explain the reasons she gives for holding that opinion.

> Preparation Time: 30 seconds
> Response Time: 60 seconds

Genes and Human Development

Mutations in two human genes appear to have led to huge leaps in human development. The first genetic mutation occurred about 50,000 years ago, around the same time that early humans suddenly began using increasingly sophisticated tools. The second mutation occurred only 6,000 years ago and soon afterwards the first writing systems appeared in the Near East and the Middle East. These early writing systems allowed the peoples who used them to begin keeping records and organizing their societies in more sophisticated ways.

Explain how the examples discussed by the professor illustrate the two leaps in human development caused by genetic mutations.

> Preparation Time: 30 seconds
> Response Time: 60 seconds

Using points and examples from the lecture, explain why the leadership qualities that the professor discusses are important in business.

Preparation Time: 20 seconds
Response Time: 60 seconds

track 42

■ 解答・解説 p. 149 ～ 160

Integrated task

Reading Time: 3 minutes

According to the Pew Research Center, 92 percent of teachers report that the Internet has a major impact on their ability to access content, resources, and materials for their classes. Over the past decade, technology has significantly improved both teaching and learning.

This is because, first, technology is a cost-effective alternative to traditional materials. Rather than paying for the same costly textbooks year after year, students using laptops and tablets in the classroom have immediate access to a wide range of materials for a modest cost. When schools are under pressure to reduce budgets, teachers using online sources can also greatly cut the expense of photocopying materials that they hand out individually to students.

Another significant advantage of technology in the classroom is that it creates new possibilities for student collaboration. Students can easily work together on shared documents in real time. They don't need to be sitting next to each other in a group or even in the same classroom. They can write collaboratively, create collaborative visual projects, and communicate online through video, text, or email. This better cultivates class connection and improves the learning experience.

A third benefit of using technology in the classroom is that it makes learning more engaging and more self-directed and thus helps students focus. Students are comfortable online and they are accustomed to accessing sites and using media. They can move at their own pace and easily use multiple web resources. Contrast this with traditional textbooks in which students must study one page at a time, all by themselves. Or compare it with lectures in which students must sit there and listen at a fixed time from start to finish.

CHAPTER 2 / Writing

Directions: You are given 20 minutes of time for preparing and writing your reply. Your reply will be graded on the writing quality and your ability to address the lecture points along with their connection to the short passage. The recommended length is approximately 150-225 words.

Question: Summarize the points made in the lecture, being sure to explain how they cast doubt on specific points made in the short passage.

Directions: You are in a class and the professor is giving a talk about urban planning. You need to reply to the professor's question by writing a post. In your post, you need to state your opinion, along with support, and add to the discussion using your own ideas. The recommended minimum length is 100 words.

Professor Spencer

Today we're going to take a look at urban transportation networks such as roads and highways. As you know, cities and towns have limited budgets for transportation, so city planners must often make difficult choices, particularly when there is pressure to support environmentally friendly SDGs, or Sustainable Development Goals. What is your opinion? Should available funds be primarily allocated to upgrading roads and highways for private cars, or would those funds be better spent on developing public transportation networks for buses or subways? Explain why you think so.

Jeffrey

Building more roads would only encourage people to use their own cars more. For the sake of the environment, we need fewer cars on the road, not more. If public transportation, such as buses and subways, were convenient and affordable, people would be happy to use it as their main means of getting around town. Consequently, enhancing public transportation networks should be the top priority for spending the available funds.

Alice

Jeffrey accurately implies that public transportation is currently not so convenient. There's a reason why motor vehicles have been so popular for more than a century. It's much simpler to use our own personal cars to get from place to place. People are going to prefer to drive, even if public transportation is available. So, let's make driving even more convenient and comfortable by building new roads and more carefully maintaining existing ones.

CHAPTER 3

Practice Test　解答・解説

Answer Keys

Reading Section

Passage 1

1. B
2. A
3. B
4. D
5. D
6. B
7. B
8. A
9. D
10. ① ④ ⑥ (2 points)

Passage 2

1. D
2. D
3. D
4. A
5. A
6. B
7. A
8. C
9. C
10. ② ⑤ ⑥ (2 points)

Listening Section

Passage **1-1**

1. Ⓓ
2. Ⓑ
3. Ⓐ
4. Ⓓ
5. Ⓑ

Passage **1-2**

6. Ⓓ
7. Ⓒ
8. Ⓓ
9. Ⓒ
10. Yes: ① ③
    No: ② ④ ⑤
11. Ⓓ

Passage **2-1**

1. Ⓐ
2. Ⓓ
3. Ⓒ
4. Ⓐ
5. Ⓑ

Passage **2-2**

6. Ⓒ
7. Ⓒ
8. Ⓑ Ⓓ
9. Ⓐ
10. Ⓓ
11. Ⓓ

Passage **2-3**

12. Ⓐ
13. Ⓒ
14. Ⓐ
15. Ⓑ
16. Ⓐ
17. Ⓓ

■ Speaking Section と Writing Section の解答例は，それぞれ p. 126～148, p. 149 ～160 をご覧ください。

■ 自己採点の仕方は，CHAPTER 4（自己採点の手引き）を参照してください。

Reading Section 解答解説

▶問題　　p. 42〜54
■解答一覧　p. 76

Passage 1

脳の大きさと社会的能力

――パッセージの訳――

【1】猿，チンパンジー，ヒヒ，人間などの霊長類は，すべての哺乳類の中で最も大きな脳を持っている。さらに重要なことに，他の哺乳類を基準にすると，概念的思考と複雑な推論を司るこれらの霊長類の脳の領野は巨大である。長年科学者たちは，なぜ脳のその部分，すなわち新皮質と呼ばれている部分が，これほどまでに大きいのかについて論争してきた。広く受け入れられている1つの仮説は，人間の脳は，先祖である霊長類がより複雑な食料採取を行うようになったために進化した，というものである。つまり，ただ草と葉をむしゃむしゃ食べるのではなく，先祖である霊長類は果物を食べるという，より高い思考力を要する活動を始めたのである。果物を集めるには，頭の中に地図を描き，来た道と帰り道を見つけられなければならない。また，（果物の）熟し具合を考える必要があるし，果物の果肉を食べるには皮をむけなくてはならない。この説の欠点は，脳の大きさを霊長類の食事のパターンに関連づけようとすると，精査に耐えない（訳注：矛盾が露呈する）ことだ。比較的大きな脳を持っていても草を食べる霊長類もいれば，より小さな脳を持っていながら果物を食べる霊長類もいるのだ。同様に，比較的小さな大脳皮質を持っていても，食料を求めて長距離を移動する霊長類もいれば，大きな脳を持っているのに，すみかの近くにとどまって食べる霊長類もいる。（このように）食料仮説ではうまく説明がつかないのだ。

【2】したがって問題は，何が実際のところ脳の大きさと相互連関を持っているのか，ということになる。その答えは，「社会的能力」理論の生みの親，イギリスの人類学者ロビン・ダンバーによれば，集団の規模である。どの霊長類――つまり，どんな種類の猿や類人猿――を見ても，新皮質が大きければ大きいほど，一緒に暮らしている集団の平均的な規模も大きいというのだ。

【3】ダンバーは，脳は，より大きな社会集団の複雑性に対処するために進化し大きくなる，と主張している。ダンバーが指摘するには，仮に5人の集団に属しているとすると，10の別個の関係，つまり，同じ集団内の他の4人と自分との関係，そして，その4人の間の6つの相互関係を常に把握していなければならない。突き詰めると，これはその集団を「知る」上で必要となる重要なデータである。つまり，メンバー間の相互関係の力学を理解し，様々な性格の持ち主に対処し，集団の調和を保ち，また，自身の時間と注目に対する要求にも応えなければならないのだ。ところが，もし20人の集団に属しているとすると，把握していなければならない相互関係は190あるこ

とになる。すなわち，自分に関連のある 19 の関係と，その集団の他の成員に関連のある 171 の関係である。集団の規模にして 4 倍の増加だが，その集団を理解するのに必要となる情報処理の量においては 19 倍もの激増という構成になる。言い換えれば，集団の規模の増大が比較的小さくても，それによって膨大な社会的・知的負荷が追加で生じるのだ。

【4】人間は自らを組織し，すべての霊長類集団の中で最も大きな集団を作り上げる。というのも，人間だけが，そうした社会的取り決めの複雑性に対処するのに適した脳と身体の比率を持った哺乳類であるからだ。ダンバーは，実際に大半の霊長類に適用できるある数式を考案した。特定の（動物）種の，彼が新皮質率と呼ぶもの——脳の他の部分の大きさに対する新皮質の大きさ——をこの数式に入れると，この式はその動物最大の集団規模の予測値を算出してくれる。ホモ・サピエンスの新皮質率を入れると，集団の規模は，147.8，つまり約 150 と推定される。この 150 という数字は，人間が社会関係を持ち得る相手の最大数を表していると思われる。つまり，他の成員が誰なのか，そして，他の成員が自分とどのように関係しているのかを把握しているような関係性を表しているのだ。

【5】また，ダンバーは，人類学の文献を調べ，150 という数字が何度も出てくることに気づいた。例えば彼が，信頼できる歴史的記録が残っている 21 の異なった狩猟採集民社会を調べたところ，それらの村の人口の平均が 148 人であることが分かった。これと同じパターンが，軍隊の編制にも当てはまる。ダンバーは，「長い年月を通して，軍の組織者らは，機能的な戦闘部隊は 200 人を大きく超えてはならないという経験則を得たのだ」と記している。それ以上の人数を互いに十分に知り合わせ，効果的な部隊として機能させるのは難しいということも，何世紀もの間の試行錯誤によって指揮官たちは知った，とダンバーは結論を下している。150 人以下の集団なら，個人の忠誠心と一対一の関係に基づいて，命令を実行させ，行動を制御できる。[**より大きな集団では，それは不可能になる。**]

---

1 正解 Ⓑ

訳 第 1 段落中の this theory という語句が指している考えはどれか。

Ⓐ 発達した社会的能力が複雑な行動をもたらす

Ⓑ 複雑な食習慣が新皮質を大きくする

Ⓒ 果物の摂取は栄養面で脳の質を高める

Ⓓ より長距離に及ぶ食料探しが知能を刺激する

解説　既出（再言及）であることを示す指示形容詞 this があるので，this theory

に先行する部分から，theory「理論」に相当する表現を探す。すると One popular hypothesis「広く受け入れられている 1 つの仮説」が見つかる。この内容，すなわち our brains evolved because our primate ancestors undertook more sophisticated food-collecting「人間の脳は，先祖である霊長類がより複雑な食料採取を行うようになったために進化した」を言い換えている Ⓑ が正解。

---

2 正解 Ⓐ

📘 第 1 段落で，なぜ筆者は葉を食べる霊長類と果物を食べる霊長類の脳の大きさに言及しているのか。

Ⓐ 一般に持たれている見解に反論するため

Ⓑ メンタルマップの使用について説明するため

Ⓒ 以前に退けられた理論を支持するため

Ⓓ 霊長類の基本的な分類を確立するため

解説 設問対象となっている言及は第 1 段落の最後の部分。この部分の前には，The shortcoming of this theory is that ... it does not stand up to scrutiny.「この説の欠点は…精査に耐えないことだ」，また後には The food hypothesis goes nowhere.「食料仮説ではうまく説明がつかない」とあるので，これらの動物が，this theory = One popular hypothesis = a commonly held viewpoint の反証例であると分かる。よって Ⓐ が正解。

---

3 正解 Ⓑ

📘 第 3 段落から，集団の規模が大きくなるにつれて，知的負担はどうなると推論できるか。

Ⓐ 比較的安定したままである。

Ⓑ 急激に高まる。

Ⓒ 徐々に増える。

Ⓓ その集団が 150 人になると頂点に達する。

解説 設問文中の mental demand「知的負担」に相当する表現を第 3 段落中で検索すると，段落末の Even a relatively small increase in the size of a group, in other words, creates an enormous additional social and intellectual load.「言い換えれば，集団の規模の増大が比較的小さくても，それによって膨大な社会的・知的負荷が追加

で生じるのだ」の intellectual load が mental demand と同じ意味だと分かる。またこの直前に，集団規模の a four-fold boost「4 倍の増加」が，情報処理の a nineteen-fold jump「19 倍もの激増」を要するとあるので，脳に対する負荷は急激に高まると分かる。よって正解は Ⓑ。「増加」だけで，その「程度」が判断できないと，Ⓑ の steeply「急激に」と Ⓒ の incrementally「徐々に」が絞り込めない。

---

4 正解 Ⓓ

（訳） パッセージ中の spits out という語句に最も近い意味を持つものはどれか。

Ⓐ 変化させる　　　　　Ⓑ 反復する
Ⓒ 捨てる　　　　　　　Ⓓ 計算する

解説 spit out は文字通りには「（口から）吐き出す」の意味だが，ここでは比喩的に，the equation「計算式」に数値を当てはめると，計算結果を「算出する，はじき出す」の意味。よって正解は Ⓓ。

---

5 正解 Ⓓ

（訳） 第 4 段落で，筆者は何を示しているか。

Ⓐ 小世帯が原始的な社会の基礎であった
Ⓑ 社会関係は消費を中心に展開する
Ⓒ 現代の人間の組織は今やバランスを失っている
Ⓓ 人間は，最大 150 人と社会関係を結ぶことができる

解説 筆者はダンバーの研究をひいて，人間の構成する社会集団の大きさを a group estimate of 147.8, or roughly 150「集団の規模は，147.8，つまり約 150 と推定」し，この数値について This figure of 150 seems to represent the maximum number of individuals with whom humans are able to have a social relationship「この 150 という数字は，人間が社会関係を持ち得る相手の最大数を表していると思われる」と述べている。よって Ⓓ が正解。

6 正解 **B**

> **訳** パッセージ中のハイライトされたセンテンスの本質的な情報を，最もよく表現しているのは次の文のうちのどれか。不正解の選択肢は，重大な点で文意を変えているか，重要な情報を欠いている。
>
> 「これと同じパターンが，軍隊の編制についても当てはまる」
>
> Ⓐ 軍隊の編制は似た階層制度を共有している。
> Ⓑ 軍の基本的な部隊は，ほぼ同じ規模である。
> Ⓒ 軍隊は，狩猟社会が進化したものと見なし得る。
> Ⓓ 軍の部隊の効率は，そこでの人間関係によって決まる。

```
解説  ここでの The same pattern とは，直前で言及されている hunter-gatherer
societies「狩猟採集民社会」の村落構成パターン，すなわち 148 人／1 村落のことで
ある。ここから軍隊の部隊構成も同じような人数になると分かる。これは段落最後に
With groups smaller than 150, orders can be executed and behavior controlled ...
「150 人以下の集団なら，…命令を実行させ，行動を制御できる」とあることでも確認
できる。よって正解は Ⓑ。
```

7 正解 **B**

> **訳** 第 5 段落で，ダンバーの理論を裏付ける根拠として筆者が参照しているのは，どのような種類のものか。
>
> Ⓐ アフリカ文学　　　　　　　Ⓑ 学問的研究
> Ⓒ 政治史　　　　　　　　　　Ⓓ 科学的実験

```
解説  第 5 段落で筆者は，ダンバーの hunter-gatherer societies「狩猟採集民社
会」及び military organization「軍隊の編制」に関する研究に言及している。これらは
ともに学術的研究なので，正解は Ⓑ。特に前者に関しては，anthropological literature
「人類学の文献」，reliable historical records「信頼できる歴史的記録」などの表現が，
研究に用いた資料が学術的であることを示している。なお literature を「文学」ととる
と Ⓐ にひっかかる。ここでは「調査報告書，文献」の意味。
```

8 正解 Ⓐ

訳 社会的能力と脳の大きさの理論に関する筆者の見解を，最もよく表している と思われるのは次のどの文か。

Ⓐ それは興味深く，十分に裏付けられた仮説である。

Ⓑ それはこの現象に関するいくつかの妥当な説明のうちの１つである。

Ⓒ それは現代の多くの人類学的証拠に相反している。

Ⓓ それを本格的に検討するには，より多くのデータを集めねばならない。

> **解説**　このパッセージの目的は，「『社会的能力』が脳の大きさを決める」とする 説，つまりダンバーの説を紹介すること。第１段落で「食料採取方法」説が取り上げ られているのは，あくまでも比較対照のためであり，筆者がこの説を評価していないこ とは The food hypothesis goes nowhere.「食料仮説ではうまく説明がつかないのだ」 から明らか。ダンバー説については，第２段落以降でその研究内容を詳細に説明して おり，集団規模特定の計算式（第４段落），狩猟採集民社会の研究（第５段落），軍隊 の編制の分析（第５段落）と，その具体的論拠を複数列挙している。以上のことから， 筆者はダンバー説を十分な裏付けを持つ説得的な学説として肯定的に評価していると 判断できる。よって正解は Ⓐ。ダンバー説以外に妥当とされている説は言及されてい ないので，Ⓑ は不適。Ⓒ Ⓓ に該当する記述はない。

9 正解 **D**

訳 次のセンテンスをパッセージに付け加えられる箇所を示す，４つの■を見な さい。

「より大きな集団では，それは不可能になる」

このセンテンスが最もよく適合するのはどこか。

センテンスをパッセージに付け加えるには，■をクリックしなさい。

> **解説**　挿入文「より大きな集団では，それは不可能になる」から逆に，直前部分 には，小さな集団では可能であるようなことについての言及があると推測できる。これ に該当するのは最終文の With groups smaller than 150 ...「150 人以下の集団なら」 以下である。よってこの直後に挿入するのが適当。挿入文中の this は，前文の orders can be executed and behavior controlled on the basis of personal loyalties and person-to-person relationships「個人の忠誠心と一対一の関係に基づいて，命令を実 行させ，行動を制御できる」のこと。

10 正解 ① ④ ⑥

訳 指示：このパッセージの短い要約の導入の一文が，以下に提示されている。パッセージの最も重要な考えを表している解答を3つ選び，要約を完成させなさい。いくつかのセンテンスは，パッセージの中で提示されていないか，もしくは，パッセージの中ではあまり重要でない考えを表しているため，要約には含まれない。この問題の配点は2ポイントである。

解答を該当する空欄にドラッグしなさい。解答を取り消すためには，それをクリックしなさい。

「脳が大きければ大きいほど，動物の社会的能力は高まる」

① 社会集団の規模が少しでも大きくなるとその集団のメンバーに必要とされる知的能力は大幅に増す。

② 食料を集めるスキルは，霊長類の脳が進化する速度と完全に一致する。

③ 軍の組織者は，人間の生来の能力を上回る大きさの集団を効率的に組織できるようになった。

④ 霊長類の脳の大きさは，その霊長類に一般的な社会集団の規模に直接関係している。

⑤ 多くの人類学者が，各々独自に，ダンバーの主張と見解を追認してきた。

⑥ 様々な状況で，人間がうまく機能できる集団の規模には，おのずと限界があるようだ。

解説 要約文は，本論のテーマであるダンバー説の主張をまとめている。よって，同様に，「脳／知能」と「社会集団の規模」の相関性について言及している選択肢を含めるべき。① は第3段落の内容，特に最後の一文を要約している。② の食料採取に関する記述は第1段落にあるが，霊長類の脳の進化速度と関連づけられてはいない。③ の軍隊に関する記述は第5段落にあるが，人間の能力を超える規模の統率方法への言及はない。④ は第2段落にあるダンバー説の要約である。⑤ のanthropologists「人類学者」の関連語 anthropological「人類学の」は第5段落に出てくるが，人類学者がダンバー説を追認したとの指摘はない。⑥ は第4／5段落の内容を適切にまとめている。

Passage 2

文化の所有権

パッセージの訳

【1】世界各地の先住民族の社会が生み出した，有形・無形両方の文化財の所有権をめぐる問題が，1980年代に，人類学者，政治家，そしてなかんずく先住民族自身の間で，大きな社会問題になり始めた。それ以前には，一般の人々も，こうした文化を調査している博物館のキュレーターを含む研究者も，自分たちが調査した情報や文物が誰か他者の財産として扱われるべきかという問題に，あまり注意を払ってこなかった。しかし，近年になって，先住民族の芸術，音楽，生物学的知識が世界中に広まったことで提起されるようになった倫理的・経済的諸問題を検討しようとする，多くの取り組みがなされてきている。こうした議論は，多くの点において，知的財産権と技術移転に関連するその他の議論と類似している。

【2】文化とは共有された行動や解釈の体系であると見なす考え方は，1970〜80年代に普及したものだが，これによって一部の人々は，「遺産」や「伝統」といった関連する概念は，集団が「所有」し，競合する利害関係者から守るべき資源である，と考えるようになった。同時に，科学・技術も，文化がおそらく一種の商品であると見なし得るような事態を生み出した。目新しい物を求める市場の飽くなき欲望は，珍しい民話や芸術や音楽を，商業資源に変えた。薬理学と農業の進歩によって，先住民に固有だった植物や作物がどんどん利用されるようになり，法律によれば特許を取得できるような医薬品や食品が生み出された。

【3】多くの人類学者，とりわけ先進工業国の人類学者は，様々な文化の創造的混成は理想的なことだと考えている。この現象を表現するのに，「ハイブリディティ（混成性）」なる用語さえ作られている。ハイブリディティに関心がある学者は，西洋の物品や技術が，発展途上国において，地域独自の状況のニーズに適合するよう変容されている種々の事例を指摘する。（だが）皮肉なことに，そのハイブリディティが（人類学者らによって）熱心に記録されている当の先住民族の多くは，他の地域に流出し出すのが自分たちの文化となると，憤慨するのである。実際的な次元においては，こうした異議申し立ての一部は経済的な性格のものである。というのも，先住民族はしばしば適切な経済的見返りを与えられないからである。しかし，その憤りはたいてい，自らの伝統文化，ひいては自身のアイデンティティを，もはや自分たちで管理することができなくなってしまうという感覚からきている。

【4】この議論の一方では，法学者ローレンス・レッシグが，アインシュタインの相対性理論を引き合いに出して，パブリックドメイン（著作権などがなく誰でも利用できること）となっている（知的）資源は本質的に無尽蔵であるとの主張をしている。あ

る人が理論を提唱したからといって，別の誰かがそうするのが制限されるわけではない（からだ）。世界の諸宗教の習慣の多くの要素も，少なくとも表面的には，同様であるように見える。ある宗教の一部の要素を別の宗教の信者が取り入れたところで，元の宗教の信奉者がその信仰を実践するのを妨げるわけではない。

【5】だが，先住民族のリーダーたちは，この問題を同じようには考えていない。彼女ら・彼らは，伝統的習慣の移転には必ずや改悪が伴い，ついには取り返しのつかない害が及ぶ，と考えているのだ。アメリカ先住民族の神聖なスウェット・ハウスの儀式を考えてみるとよい。この儀式は，中流のイギリス系アメリカ人の一部によって，往々にして浅薄な，精神の真正性の探求のために取り入れられてきた。先住民の批判派は，正しいしきたりを守らずにスウェット・ハウスの儀式を行う者は，そう意図していないとしても，（神聖）冒瀆と文化的侵略を犯しているのだと主張する。この論理にならえば，文化財の移転や先住民に固有の薬草と民間療法の利用もまた，どうして間違っていると考えられるのか，理解しやすい。

【6】インターネットの全世界的普及は，こうした懸念を強めている。人類の膨大な知識がほとんど誰にとってもオンラインで利用可能となる時代は既に到来している。そして，もちろん，万人に開かれた知識というこの考え方は，近代民主主義社会の根幹の一部を成している。（だが）先住文化の守り手らは，こうした展望を非常に不安に，恐ろしくさえ思っている。彼女ら・彼らが危惧するのは，儀式，音楽，視覚芸術の無制限な複製が，新しい電子メディアによって容易になり，これらが深く根ざしているところの文化的要素を剥奪する恐れがあり，（その結果）これらの真正さが損なわれ先住文化についての誤った考えが人々に広まってしまうことである。これに対抗して，先住民族の権利の擁護を訴える者の多くは，伝統文化を有形財とほとんど同じように扱い保護する法律を制定することによって，先住文化の純粋性を守ろうとしている。自分たちの要求を支持する事例として，彼女ら・彼らは，カナダをはじめとする国々において，先住民族に対して政治的自治権が認められていることを挙げている。[**その承認の範囲は比較的限られているものの，ニュージーランドやオーストラリアを含む他のいくつかの国々も，芸術やダンスから地域言語の語彙に至るまで，自国内の先住民族の無形遺産を保護する法律を施行している。**]こうした主張をする者はさらに，文化的な自治なくしては，政治的な自治は無意味であると論じている。

【7】しかしながら，文化的な著作権のこのような拡大解釈には大きな危険が伴う。もし文化財が財産と見なされるようになると，その利用は法律によって規定され監督されるようになる。（しかし）20世紀の（歴史的な）教訓の1つは，複雑な問題に対して絶対的な解決策を押し付けようとすることには慎重であってしかるべき，ということである。先住民諸集団の利益と，リベラルな民主主義社会の必要条件との間には，適切なバランスがとられなければならない。民主主義社会は一般に，市民に対して情報の自由な交換を認めるものであるからだ。詰まるところ，これは尊厳の問題なので

ある。1 つの問いとして言い換えるならば，課題とすべきは「誰が先住民族の文化を所有するのか」ではなく，「どうすれば私たちは，大衆社会において，先住民族の文化や文化財に対する敬意ある取り組み方を広められるのか」である。

1 正解 Ⓓ

訳　パッセージ中のハイライトされたセンテンスの本質的な情報を，最もよく表現しているのは次の文のうちのどれか。不正解の選択肢は，重大な点で文意を変えているか，重要な情報を欠いている。

「こうした議論は，多くの点において，知的財産権と技術移転に関連するその他の議論と類似している」

Ⓐ　知的財産権に関する議論は，技術移転に関する議論と切り離せない。

Ⓑ　先住民族，研究者ともに，どの技術が移転できるかという問題を率直に議論しなければならない。

Ⓒ　先住民族の文化財が世界中に広まっていることは，非倫理的であり，知的財産権の侵害である。

Ⓓ　文化財の所有権に関する問題は，著作権と特許権の問題に似ている。

解説　ハイライトされた文のポイントは parallel という動詞の解釈である。parallel はもともと「並行している」だが，転じて「類似する，匹敵する」の意味で使われる。選択肢中これと同義の表現は，Ⓓ の is akin to …「…と同種である，類似している」である。また本文と選択肢の表現も，this debate「こうした議論」＝ The issue of ownership of cultural artifacts「文化財の所有権に関する問題」，intellectual property rights and technology transfer「知的財産権と技術移転」＝ the question of copyright and patent rights「著作権と特許権の問題」と正しく対応している。よって，Ⓓ が正解。

2 正解 Ⓓ

訳　先住文化の所有権に関して筆者が第 2 段落で主張しているのはどれか。

Ⓐ　その問題は 1970～1980 年代に本質的に解決された。

Ⓑ　特許法を用いれば，この問題に関連するほとんどの論争は調停できる。

Ⓒ　この問題の認識が文化を定義するのに役立った。

Ⓓ　技術の進歩のおかげで，この問題が注目されるようになった。

　解説　第 2 段落 2 文目以下に science and technology「科学・技術」, より具体的には Advances in pharmacology and agriculture「薬理学と農業の進歩」が, 伝統文化の商品化をもたらしたとある。よって, これらを Technological advances「技術の進歩」とまとめ, 先住文化が商業資源として利用されるようになった状況を the forefront と表した Ⓓ が正解。Ⓐ Ⓑ に相当する記述はないので誤り。Ⓒ は,「文化の定義」と「文化財に関する権利」の因果関係が本論の指摘（第 2 段落 1 文目）とは逆になっている。

3 正解 Ⓓ

訳 先住民族がハイブリディティを憂慮している主な理由として, 筆者が第 3 段落で示唆しているのはどれか。

Ⓐ 彼女ら・彼らが経済的に利益を得ていないこと

Ⓑ 彼女ら・彼らがハイブリディティという考えを好んでいないこと

Ⓒ 彼女ら・彼らが自分たちの才能が十分には評価されていないと感じていること

Ⓓ 彼女ら・彼らが自己のアイデンティティを失いつつあると認識していること

　解説　設問文の are concerned about「を憂慮している」に相当する表現を第 3 段落中で検索すると, 最終文に the resentment「その憤り」とあり, 続いてこれが stems from the feeling that people are no longer in control of their own traditions, hence their own identities「自らの伝統文化, ひいては自身のアイデンティティを, もはや自分たちで管理することができなくなってしまうという感覚からきている」とある。stem from ... は「…に由来する, 起因する」と原因を表す表現。よって, the feeling 以下を言い換えている Ⓓ が正解。Ⓐ に関する言及も第 3 段落後半の some of these objections ...「こうした異議申し立ての一部は…」以下にあるが, 続く More often than not, however,「しかし…たいてい」という表現で, より本質的な理由は他にあると分かる。

4 正解 Ⓐ

訳 パッセージ中の places という語に最も近い意味を持つものはどれか。

Ⓐ 課す　　　　　　　　　Ⓑ 預ける

Ⓒ 明らかにする　　　　　Ⓓ はっきり述べる

| 解説 | この place は名詞の「場所」ではなく，主語 One person's positing に対応する述語動詞である。動詞 place は通例，「（ものなど）を置く」の意味だが，ここでは no limits を目的語としているので，「（制限など）を課する」の意味にとるべき。よって，これと同じ意味を持つ Ⓐ が正解。impose も，impose a penalty on a person「人に罰を科する」や impose obligations「義務を課す」のように，「（義務・罰・税など）を負わせる，課する」の意味で用いる。

5　正解　Ⓐ

🔴 訳　パッセージから推論できることとして，先住文化保護を徹底して主張する者が，おそらく反対しないのはどれか。

Ⓐ 国営航空会社が外来の動物をシンボルとして用いること

Ⓑ 非先住民族の参加者もいる先住民族ダンスコンテスト

Ⓒ 古代の先住民族の皿を収集家に売却すること

Ⓓ 先住民族の神聖な文物を販売用のアクセサリーとして使うこと

| 解説 | 先住文化の保護論者が守ろうとするのは，当然ながら先住民族の伝統文化，具体的には indigenous art, music, and biological knowledge「先住民族の芸術，音楽，生物学的知識」（第1段落），folktales「民話」（第2段落），native plants and crops「先住民に固有だった植物や作物」（第2段落），religious practices / ritual「宗教的習慣／儀式」（第4／5段落），native herbs and medicinal practices「土地固有の薬草と民間療法」（第5段落），ceremony, music, and graphic arts「儀式，音楽，視覚芸術」（第6段落）などである。つまり，これらに含まれない a non-native animal「外来の（＝先住文化由来でない）動物」の商業利用は問題視されないと推測できる。よって正解は Ⓐ。Ⓑ Ⓒ Ⓓ はいずれも先住文化をその歴史や文化的文脈から切り離して扱っている事例なので，スウェット・ハウスの例（第5段落）と同様，先住文化の純粋性を守ろうとする者にとっては corruption「改悪」や irreparable harm「取り返しのつかない害」を招きかねない行為であり，批判の対象になり得る。

6 正解 **B**

訳 筆者が第5段落でスウェット・ハウスの儀式を例として挙げているのはなぜか。

A 無尽蔵の資源のさらなる事例を挙げるため

B 神聖な慣習がいかに誤用されているかを説明するため

C その儀式の有害な影響を非先住民に警告するため

D 一部の人々がいかに先住民族の伝統をわざと汚しているかを示すため

> **解説** 中流のイギリス系アメリカ人がスウェット・ハウスの儀式を取り入れる目的は often superficial「往々にして浅薄」であり，また彼女ら・彼らは unwittingly guilty of blasphemy and cultural aggression「そう意図していないとしても，冒瀆と文化的侵略を犯している」と指摘されている。よってこれを misused「誤用されて」という語を用いて言い換えている **B** が正解。

7 正解 **A**

訳 パッセージ中の enacting という語に最も近い意味を持つものはどれか。

A 通過させる   **B** 従う

C 提起する   **D** 認めない

> **解説** enact は，en「…にする」+ act「法令」から成り，「（法律）を制定する」の意味。bill「法案」を法律化するには，議会で法案を pass「通す」ことが必要である。よって **A** が同義となる。enact の意味は，その目的語 laws からも推測できる。

8 正解 **C**

訳 文化財の所有権に関する筆者の見解を，最も正確に述べているのは次のうちどれか。

A 先住民族は，過去の文化的侵略行為に対する補償を受ける権利がある。

B 社会全体の権利の方が，どの個別の集団の権利よりも重要である。

C この問題は，法律の制定や公式のガイドラインの策定によっては，解決しそうにない。

D 著作権法には，文化財をめぐるたいていの紛争を解決するのに利用できる，数多くの判例がある。

> ■ 解説 ■　文化財の所有権を厳密に法制化することに関して，筆者は第 7 段落で come with substantial risks「大きな危険が伴う」と警告し，また to impose absolute solutions on complex problems「複雑な問題に対して絶対的な解決策を押し付けようとすること」には慎重であるべきと指摘している。よってこれを言い換えている Ⓒ が正解。Ⓐ に関連する記述は第 3 段落中の On a practical level, ... 以下にあるが，筆者の主張ではない。Ⓑ は第 7 段落の A balance ... 以下の内容に反している。Ⓓ に該当する言及は見あたらない。

9 正解 **Ⓒ**

> **訳**　次のセンテンスをパッセージに付け加えられる箇所を示す，4 つの■を見なさい。
>
> 「その承認の範囲は比較的限られているものの，ニュージーランドやオーストラリアを含む他のいくつかの国々も，芸術やダンスから地域言語の語彙に至るまで，自国内の先住民族の無形遺産を保護する法律を施行している」
>
> このセンテンスが最もよく適合するのはどこか。
>
> センテンスをパッセージに付け加えるには，■をクリックしなさい。

> ■ 解説 ■　挿入文中にある several other countries「他のいくつかの国々」から，この文の直前に別の国への言及があると分かる。よって Canada「カナダ」への言及がある As support for their demands ... で始まる文の直後に挿入するのが適当と判断できる。また，挿入文中の this acknowledgement「この承認」が前の文の recognition「認められていること」に対応するので，この位置だと，先住文化保護のための法整備という文脈にもうまく合致する。

10 正解 ② ⑤ ⑥

訳 指示：このパッセージの短い要約の導入の一文が，以下に提示されている。パッセージの最も重要な考えを表している解答を3つ選び，要約を完成させなさい。いくつかのセンテンスは，パッセージの中で提示されていないか，もしくは，パッセージの中ではあまり重要でない考えを表しているため，要約には含まれない。この問題の配点は2ポイントである。

解答を該当する空欄にドラッグしなさい。解答を取り消すためには，それをクリックしなさい。

「諸文化はその伝統や文物を所有しているのか（否か）をめぐる問題は何十年も議論されてきた」

① 大衆社会では，人々は自らの文化的伝統の意味をよく理解していない。

② 先住民族のリーダーたちは，その慣習や儀式を他文化の人々が受容する際，自分たち先住民族の伝統が損なわれかねないと考えている。

③ 究極的には，いかなる文化もその慣習，儀式，物品の所有権を主張する権利を有していない。

④ いくつかの国々では，貴重な新種の薬が発見された。

⑤ インターネットは文化芸術，歌曲，儀式の移転を大幅に増加させ，これらをその起源から引き離してしまうかもしれない。

⑥ 根本的な課題は，グローバル社会において，先住民の伝統に敬意を示した利用の仕方をどのようにして促進するかだ。

解説 ①に該当する指摘はない。②は，第5段落の内容，特に2文目の They believe that the transfer of their traditional ways cannot take place without corruption and, ultimately, irreparable harm. を的確に言い換えている。筆者は，文化の所有権をめぐる議論を紹介しているが，そのような権利の有無についての判断は示していないので，③に該当する指摘はない。④に関連する指摘は，第2段落の最終文 Advances in pharmacology and agriculture have enabled the increased utilization of native plants and crops, yielding medicines or foods ... に見られるが，単なる事実であり，要約に含めるべき本質的な情報とは言えない。⑤に該当する指摘は，第6段落の The stewards of indigenous culture ... about indigenous culture to others. の2文に見られる。⑥に相当する指摘は，第7段落の最終文にある本論の結論を的確にまとめている。

Listening Section

Passage **1-1**   🔊 **track 03-08**

▶問題　　　p. 56〜65
■解答一覧　p. 77

スクリプト

Listen to a conversation between a professor and a student about a composition class.

Student: Excuse me, Professor Harris. May I talk to you a moment?

Professor: Sure, Patty. Come on in and have a seat. What's on your mind?

Student: Well, I mostly wanted to talk to you about next week's assignment. As you may know, I'm on the track team. I'm a sprinter. We've got a big meet this weekend—schools from all over the country are competing—and I wonder if you'd let me hand in my essay a few days late. It's due on Monday, and I just don't think I'll have any time to work on it over the weekend.

Professor: <u>Hmm, I know extra-curricular activities can take a lot of students' time. But I don't think it's fair to everyone if I give some people more time and some less time to complete assignments.</u> [Q5] You do have the syllabus, don't you?

Student: Yeah.

Professor: Then you should be able to plan ahead if you know you're going to be busy the weekend before a major assignment is due.

Student: I guess you're right. OK ...

Professor: What else is on your mind?

Student: Well, it's about writing. I think I have pretty good ideas and I understand how to support my points with evidence, but I never learned grammar very well in high school. I get really frustrated when I make easy errors, like the kind that you catch on my papers.

Professor: OK. I pretty much agree with your self-assessment: your thesis statements are well focused and you do use good evidence to support your claims. Surface errors are a challenge for you, but I can give you some tips.

94

Student: Great. I'm all ears.

Professor: First, review your past papers and make a list of the kinds of errors you keep making. That way you'll know what they are and begin to recognize them when you review your essay for errors before handing it in.

Student: OK, that makes sense.

Professor: Next, whatever software you are using, be sure you have the spellchecker and the grammar checker turned on. They automatically proof your document and flag most of your mistakes with red or blue underlining. Finally, before you submit a paper, print it and read it out loud. That slows down your reading and helps you see your errors.

Student: All of your suggestions are helpful. I'll really give them a try. Thanks.

Professor: Don't mention it. Oh, and Patty, good luck at the meet.

スクリプトの訳

作文の授業についての教授と学生の会話を聞きなさい。

学生：失礼します，ハリス先生。少しお話しできますか。

教授：どうぞ，パティ。入ってお座りなさい。どうしましたか。

学生：あの，主に来週の課題についてお話ししたいんですが。ご存じかもしれませんが，私は陸上部に所属しています。短距離走の選手なんです。今週末，大きな大会があって，それも全国の学校が参加するもので，それで数日遅れてレポートを提出させていただけないかと思っているんですが。締め切りは月曜日になっていますが，週末はレポートに取り組む時間が取れそうにないんです。

教授：そうですか。課外活動にたくさん時間が取られることがある学生がいるのは分かります。ですが，課題を仕上げるのに一部の人に多く時間を与えたり，別の人に少ない時間を与えたりしたら，みんなにとって公平ではないと思いますよ。[Q5] シラバス（授業予定表）は持っているわけですよね。

学生：ええ。

教授：では，大事な課題の締め切り前の週末に忙しくなると分かっているなら，前もって計画を立てられるはずですよね。

学生：おっしゃる通りです。分かりました。

教授：他に気になっていることは？

学生：あの，ライティングについてなんですが。考えていることは自分でも悪くないと思うし，どうやって自分の主張を根拠づけるべきかも分かっています。でも，高校できちんと文法を勉強してこなかったんです。単純な間違いをすると本当に悔しいんです。私のレポートで先生が指摘してくださるようなミスのことです。

教授：そうですね。あなたの自己評価，私もおおむね同感です。論点はよく絞れているし，確

95

かに，しっかりした根拠を挙げて自分の主張をサポートしていますね。あなたの問題はぱっと目につく誤りですね。でも，いくつかアドバイスできますよ。

学生：それはありがたいです。ぜひ聞かせてください。

教授：まず，これまでのレポートを見返して，いつも繰り返しているような間違いのリストを作るのです。そうすれば，自分の間違いがどういうものなのかが分かり，レポートを提出する前に間違いがないか見直す際に，（間違いを）見つけられるはずです。

学生：なるほど，理にかなっていますね。

教授：次に，どのソフトを使っているとしても，必ずスペルチェッカーと文法チェッカーをオンにしておくとよいでしょう。自動的に文書を校正してくれて，大半の間違いに赤や青の下線で印をつけてくれます。最後に，レポートを提出する前にプリントアウトして声に出して読むようにしてください。そうすればゆっくり読むことになるので，間違いを見つけやすくなります。

学生：ご助言はどれも役立ちます。実際やってみることにします。ありがとうございました。

教授：どういたしまして。ああ，それからパティ，大会，頑張ってくださいね。

---

1 正解 Ⓓ

訳 学生が教授に話している理由の１つは何か。

Ⓐ 授業を休ませてほしいから。

Ⓑ もうすぐあるテストについて知りたいことがあるから。

Ⓒ ある課題について理解できないから。

Ⓓ 締め切りが過ぎてから課題を提出したいから。

解説 会話の冒頭，教授の What's on your mind?「何を考えているのですか」＝「どうしましたか」との問いに対して，学生は I mostly wanted to talk to you about next week's assignment「主に来週の課題についてお話ししたい」と来訪の目的を説明している。また続いて，部活動で忙しいと説明し，I wonder if you'd let me hand in my essay a few days late「数日遅れてレポートを提出させていただけないかと思っているんですが」と，より具体的な用件を述べている。essay を work と言い換え，数日遅れることを after the deadline と言い換えている Ⓓ が正解。なお essay は大学生活が文脈の場合は通例，日本語の「エッセイ，随筆」ではなく，「レポート，小論」の意味。hand in は課題やレポートを「提出する」。同義の表現として submit がある。

2 正解 Ⓑ

🈩 女性は授業外にどのような活動をしているか。

Ⓐ 彼女は学生自治委員会のメンバーである。

Ⓑ 彼女は陸上部のランナーである。

Ⓒ 彼女はライティング・センターのチューターである。

Ⓓ 彼女は生物学実験室の助手である。

解説　設問が問うている outside of class「授業外」での活動とは，課外活動，サークル活動のこと。学生は I'm on the track team. I'm a sprinter.「私は陸上部に所属しています。短距離走の選手なんです」と述べており，これを受けて教授は extra-curricular activities can take a lot of students' time「課外活動にたくさん時間が取られることがある学生がいる」と言っている。ここから，女性の extra-curricular activities が「陸上競技」であるのは明らか。sprinter を runner と言い換えた Ⓑ が正解。

3 正解 Ⓐ

🈩 教授は，文章がうまくなるよう学生はまず何をすべきだと言っているか。

Ⓐ これまでの間違いをまとめる

Ⓑ クラスメートのレポートを読む

Ⓒ 高校の文法教科書を復習する

Ⓓ レポートの下書きを複数書く

解説　会話の後半で学生はレポートの書き方について助言を求めており，これに対して教授はいくつかのアドバイスをしている。これらは First「まず」，Next「次に」，Finally「最後に」といった表現で列挙されているが，First の直後で教授は make a list of the kinds of errors you keep making「いつも繰り返しているような間違いのリストを作って」と言っている。よって，これを言い換えている Ⓐ が正解。会話中に出てくる read, review, grammar ... in high school などの表現を断片的に聞き取るだけだと，これらを含む誤りの選択肢に誘導されてしまうので注意。

4 正解 D

訳 教授は，学生はどうすればライティングを全般に向上できると言っているか。

Ⓐ より信頼できる資料を使う

Ⓑ 下書きにもっと時間をかける

Ⓒ もっと明確に論点を書く

Ⓓ もっと注意して見直しをする

解説 教授は① make a list of the kinds of errors you keep making「いつも繰り返しているような間違いのリストを作る」，② be sure you have the spellchecker and the grammar checker turned on「必ずスペルチェッカーと文法チェッカーをオンにしておく」，③ print it and read it out loud「プリントアウトして声に出して読むように」と３つのアドバイスをしている。これらはいずれも提出前にレポートをより注意深く見直すための具体的な方法である。よって正解は Ⓓ。Ⓐ と Ⓑ に該当する指摘はなされていない。Ⓒ は，教授の your thesis statements are well focused「論点はよく絞れている」にあるように，既に達成されており，克服すべき課題ではない。

5 正解 B

訳 会話の一部をもう一度聞き，設問に答えなさい。

（スクリプトと訳の下線部 [Q5] を参照）

教授の次の発言は何を示唆しているか：

（スクリプトと訳の破線部を参照）

「ですが，課題を仕上げるのに一部の人に多く時間を与えたり，別の人に少ない時間を与えたりしたら，みんなにとっては公平ではないと思いますよ」

Ⓐ 一部の学生は他の人より早く課題をこなす。

Ⓑ 学生は皆，平等に扱われるべきだ。

Ⓒ 追加の手助けが必要な学生がいるのは当然だ。

Ⓓ 学生は皆，課外活動から多くを得ることができる。

解説 I don't think it's fair to everyone if I give some people more time and some less time to complete assignments「課題を仕上げるのに一部の人に多く時間を与えたり，別の人に少ない時間を与えたりしたら，みんなにとって公平ではないと思いますよ」ということは，逆に言えば，全員に同じ時間・期間を与えるのが平等である，ということ。よって正解は Ⓑ。

心理学：子どもによる美の認知

スクリプト

Listen to part of a lecture in a psychology class. The professor is discussing child development.

1   In the field of child psychology, great attention has been paid to topics such as aggression, anger, and trauma—you know, the negative emotions and experiences that impede a child's development. But seldom do we hear much about subjects such as children's perception of beauty because a lot less research has been done in this area, so in today's lecture I'd like to address this topic, especially from the cognitive perspective of evolutionary psychology. In this case, by "cognitive," I mean understanding perception as a mental process—as a fundamental operation of the mind, that is.

2   Now, children are sensitive to beauty from a very early age. But the question is, how and when do they acquire their preferences? The popular view is that children find things attractive that they have been taught to find attractive by their culture—by their parents, their friends, and TV, for example. It's hard to argue with this view, mainly because by the time kids are even three or four years old, it's almost impossible to separate out what's the result of nature and what's the result of their environment. During all their waking hours they've been exposed to interaction with people and with cultural images and objects. So from a researcher's point of view, it's a hard issue to tackle. There is one possibility, though. The younger the child is, the less he or she will have been exposed to culture. So the most innovative and revealing research in this area has focused on infants.

3   The psychologist Judith Langlois' study of babies is one of the best. What Langlois did was collect hundreds of slides of people's faces and she then asked adults to rate how attractive they were. After she got

extensive ratings, she then presented these faces to three- and six-month-old infants. What's interesting is that they stared longer, much longer, at those faces that adults also found attractive. Here's the clincher. Langlois also found that age, sex, and race don't seem to matter. The babies looked longer at the most attractive men, women, and babies, period, regardless of whether the people in the photos were Black, Asian, or Caucasian. Hmm.

4 Now, you're sharp students and you're already probably thinking of questions such as, "Did the babies who had attractive mothers prefer more attractive faces? Did the infants prefer faces of their own race more than other races?" The surprising finding is that they simply preferred attractive faces regardless of how attractive their mother was or what race they belonged to. From this, it seems we can conclude that infants come equipped with something like a pre-wired beauty detector—and hey, it corresponds to those in adults like us.

5 Maybe a couple of you are already raising objections to this research by claiming that well, infants are too unaware of their surroundings to really pay attention to visual beauty. Well, I've got news for you. Within ten minutes of a baby's birth, its eyes can follow a line-drawing of a face. Maybe someday you can test this yourself. Hold a large black-and-white drawing of a face over a newborn's crib and move it slowly, and its eyes will follow. By babies' second day of life, they can discriminate their mother's face from a face they've never seen before. By day three, infants begin mimicking facial expressions: stick out your tongue at a three-day-old and the baby will do the same. All of these findings have been widely corroborated. Would you like the references for these? [Q11] I might add that all of these tendencies have survival value—they increase the chance that an infant will receive the care that he or she needs to stay alive. And over hundreds of thousands of years of evolution they've become instinctive.

6 Back to beauty. You can see from this research that babies are very

plugged in and attuned to visual perceptions. So their preferences for beauty are significant. And maybe, this inborn tendency to discriminate physical beauty in appearance shouldn't surprise us so much if we recall that they also express preference for musical beauty. Psychologists Jerome Kagan and Marcel Zentner found that when they played dissonant melodies to babies, the infants wrinkled their noses in disgust. But when they played soft harmonious songs, the babies opened their eyes wider and made cooing sounds.

スクリプトの訳

心理学の授業での講義の一部を聞きなさい。教授は子どもの成長について説明している。

【1】児童心理学の分野では，攻撃，怒り，トラウマといったトピック，すなわち，子どもの成長を妨げるネガティブな感情と経験に大きな注意が払われてきました。しかし，子どもによる美の認知といったテーマについてはほとんど耳にすることがありません。この分野でなされている研究がずっと少ないからです。そこで今日の講義では，このトピックを，特に進化心理学の認知的視点から取り上げてみたいと思います。この場合，「認知的」という語で私が意味しているのは，認知を知的過程として，つまり，頭脳の根本的な働きとして理解する，ということです。

【2】さて，子どもは非常に幼いうちから美に対する感覚を持っています。しかし問題は，子どもがどのようにして，いつ自分の好みを持つようになるかです。一般には，子どもは文化によって，つまり例えば親や友達，テレビによって美しいと思うように教え込まれたものを，自分でも美しいと思うようになる，と考えられています。この見解に異を唱えるのは難しいのです。というのも，大概，子どもが3・4歳になる頃にはもう，生来の性質の結果であるものと，環境の結果であるものとを区別するのはほとんど不可能だからです。目を覚ましている間はずっと，子どもは人々に，また，文化的イメージと事物に触れて，影響されているからです。ですから，研究者の視点からすると，それは取り組みにくい問題なわけです。しかし，1つの可能性があります。子どもが幼ければ幼いほど，文化にさらされている度合いも少ない。ですから，この分野の最も革新的で啓発的な研究は，幼児に注目してきました。

【3】心理学者ジュディス・ラングロワによる赤ん坊の研究は，最も優れたものの1つです。ラングロワは，人間の顔のスライド写真を何百枚も集め，次にそれらの顔がどれだけ美形かを大人たちに評価してもらいました。多数の評価を集めた後で，彼女は次にそれらの顔を3か月と6か月の幼児たちに見せました。すると興味深いことに，幼児は，大人も美形だと思った顔をより長く，しかもずっと長く見つめたのです。さらに決定的な証拠が出ています。ラングロワは，年齢，性別，人種は関係なさそうだということも発見したのです。赤ん坊は最も美形な男性，女性，赤ん坊をより長く見た，ただそれだけなのです。写真に写っている人が黒人か，アジア系か，白人かは関係なかったのです。ふむ（実に面白い）。

【4】さて，賢明なる学生諸君のこと，皆さんは，おそらく，「美形の母親を持った赤ん坊はより美形の顔を好んだのか。幼児らは他の人種よりも自分と同じ人種の顔を好んだのか」と，早くも疑問に思っていることでしょう。驚くべきことに，赤ん坊は，母親がどれだけ美形かや，自分がどの人種に属しているかとは無関係に，とにかく美形の顔を好んだということが分かって

います。このことから，幼児はあらかじめセットされた美形センサーのようなものを生まれ持っ
ている，と結論していいように思えます。しかも，このセンサーは，私たち大人のものとも一
致しているのです。

【5】もしかすると皆さんの中には，幼児は自分の環境など全く意識しないのだから，視覚的な
美しさにそんなに注意を払えないのではと，この研究に疑義を抱いている人も幾人かいるので
はないでしょうか。しかし，こんな話もあるのです。赤ん坊は生まれて10分以内には，人の顔
の線画を目で追うことができるのです。皆さんも，いつか自分で実験してみたらいいですよ。
顔を描いた大きな白黒の絵を新生児のベッドの上にかざして，ゆっくり動かしてみるのです。
すると，赤ん坊の目はそれを追うのです。生まれて2日目には，赤ん坊は，母親の顔とそれま
で見たことのない顔を識別できるようになります。3日目には，人の表情をまねし始めます。生
まれて3日の赤ん坊に向かって舌を出せば，赤ん坊も同じようにします。こうした研究成果は
皆，しっかりと実証されています。関連する参考文献を教えましょうか。[Q11]さらに付け加え
て言えば，こうした傾向はすべて，生存にプラスになる，つまり，幼児が生きていくのに必要
なケアを受けられる可能性を高めるのです。そして，何十万年もの進化の過程で，こうした傾
向は本能的なものになったのです。

【6】美の問題に話を戻しましょう。先の研究からも分かるように，赤ん坊は，視覚認知にとて
も精通し，理解しているのです。ですから，赤ん坊が美しいものを好むのには重要な意味があ
るのです。それに，見た目の美しさを区別するこの生まれつきの傾向も，赤ん坊が美しい音楽
も好むことを思えば，それほど驚くべきことではないかもしれません。心理学者のジェローム・
ケイガンとマルセル・ツェントナーは，不協和のメロディーを聞かせると，赤ん坊は嫌がって
鼻にしわを寄せることを発見しました。ところが，柔らかい調和のとれた曲を流すと，赤ん坊
は目を大きく見開いて，ククッという喜びの声を上げたのです。

6 正解 Ⓓ

訳 教授は，児童心理学における美の認知というトピックについて，何と述べて
いるか。

Ⓐ 広く研究されてきた。

Ⓑ 非常に論争を呼んでいる。

Ⓒ 人気が高まっている。

Ⓓ ほとんど研究されていない。

解説 講義の冒頭で教授は But seldom do we hear much about subjects such
as children's perception of beauty「しかし，子どもによる美の認知といったテーマに
ついてはほとんど耳にすることがありません」と述べ，さらに a lot less research has
been done in this area「この分野でなされている研究がずっと少ない」と補足してい
る。よって，Ⓓ が正解。準否定の副詞 seldom「めったに…しない」が文頭にあるた
め，do we hear と倒置が生じている。同様に，Ⓓ の little も，冠詞 a を伴わない否定
的用法で「ほとんど…ない」の意味。

7 正解 Ⓒ

訳 教授は「認知的」という語をどのように定義したか。

Ⓐ 人間の進化に関連がある

Ⓑ 子どもの成長に関連がある

Ⓒ 知的過程に関連がある

Ⓓ 科学的調査に関連がある

> **解説** 講義の第1段落末で教授は，In this case, by "cognitive," I mean ...「この場合，『認知的』という語で私が意味しているのは」と，用語の定義をしている。教授はまず perception as a mental process「認知を知的過程として」と説明し，さらに as a fundamental operation of the mind, that is「つまり，頭脳の根本的な働きとして」と説明を繰り返して強調している。よって，これと同義の Ⓒ が正解。

8 正解 Ⓓ

訳 ジュディス・ラングロワは，赤ん坊に関する研究で何を発見したか。

Ⓐ 赤ん坊は，他人の顔より母親の顔を好む。

Ⓑ 赤ん坊は，本能的に男性の顔より女性の顔を好む。

Ⓒ 赤ん坊の好みは自分と同じ人種の顔に偏好している。

Ⓓ 赤ん坊は大人と同じ美的好みを持つ。

> **解説** 講義の第3段落の The psychologist Judith Langlois' study of babies「心理学者ジュディス・ラングロワによる赤ん坊の研究」以下に実験についての説明があるが，この実験の結果は What's interesting is that they stared longer, much longer, at those faces that adults also found attractive.「すると興味深いことに，幼児は，大人も美形だと思った顔をより長く，しかもずっと長く見つめたのです」と述べられている。また続く第4段落でも，赤ん坊の審美判断に関して，it corresponds to those in adults like us「このセンサーは，私たち大人のものとも一致しているのです」と同様の指摘が繰り返されている。よって，これらを言い換えている Ⓓ が正解となる。第5段落に赤ん坊は母親と他人の顔を discriminate「識別する」とはあるが，prefer「より好む」とは言われていないので，Ⓐ は不適切。また，Ⓑ Ⓒ はともに第3段落の, age, sex, and race don't seem to matter「年齢，性別，人種は関係なさそうだ」，regardless of whether the people in the photos were Black, Asian, or Caucasian「写真に写っている人が黒人か，アジア系か，白人かは関係なかった」との説明と矛盾するので誤り。

9 正解 Ⓒ

訳 教授は赤ん坊の美的好みを，次のどれに対する好みと比べているか。

Ⓐ 食べ物　　　　　　　Ⓑ 温度

Ⓒ 音楽　　　　　　　　Ⓓ 睡眠

> **解説** 講義の第6段落に this inborn tendency to discriminate physical beauty in appearance shouldn't surprise us so much if we recall that they also express preference for <u>musical beauty</u>「見た目の美しさを区別するこの生まれつきの傾向も，赤ん坊が美しい音楽も好むことを思えば，それほど驚くべきことではないかもしれません」とあり，赤ん坊の審美判断と，音楽の嗜好とが類比されている。よって Ⓒ が正解。musical beauty 以外にも，melodies, songs と音楽に関係する表現が繰り返されていることもヒントになる。

10 正解 Yes: ① ③　　No: ② ④ ⑤

訳 教授によれば，生まれて3日の赤ん坊ができるのは次のどれか。

（選択肢それぞれについて正しいボックスをクリックしなさい）

① 顔の絵を視覚的に追う　　　② 男女を見分ける

③ 母親の顔を識別する　　　　④ 同じ人種の人を識別する

⑤ 顔の相対的な美しさを見分ける

> **解説** 誕生後3日以内の新生児が示す反応として教授は，講義の第5段落で its eyes can follow a line-drawing of a face「人の顔の線画を目で追うことができる」，they can discriminate their mother's face from a face they've never seen before「母親の顔とそれまで見たことのない顔を識別できる」，infants begin mimicking facial expressions「人の表情をまねし始める」の3点を挙げている。よって，これらの1, 2点目に対応する Visually follow a drawing of a face「顔の絵を視覚的に追う」と Identify their mother's face「母親の顔を識別する」が正しい。⑤ は赤ん坊もできるとされているが，生後3日以内にできることには含まれていない。

11 正解 ⒟

> **訳** 講義の一部をもう一度聞き，設問に答えなさい。
>
> （スクリプトと訳の下線部 [Q11] を参照）
>
> 教授の次の発言は何を意味しているか：
>
> （スクリプトと訳の破線部を参照）
>
> 「関連する参考文献を教えましょうか」

- Ⓐ 難しい情報や関連する情報を繰り返し述べることを厭わない。
- Ⓑ 自分が用いる専門用語の一部は学生には馴染みがないかもしれないと考えている。
- Ⓒ 自分の論点を裏付けるさらなる事例を喜んで挙げるつもりがある。
- Ⓓ 研究論文が掲載された出版物を挙げることができる。

解説 教授は All of these findings have been widely corroborated.「こうした研究成果は皆，しっかりと実証されています」と研究成果に言及し，続いて学生たちにreferences を見たいか尋ねている。reference とは「参考文献，参考図書」のこと。つまり，関連する研究成果が掲載された参考文献のことだと判断できる。よって Ⓓ が正解。なお publication は不可算名詞としては抽象的に「出版，刊行」だが，可算名詞としては「出版物」となる。大学や研究の分野では，活字として発表された「研究書」や「研究論文」のこと。

Listen to a conversation between a student and a reference librarian.

Student: Hi, I'm Brad Johnson. I'm a first-year student, but I couldn't make it to the library orientation last week because I was out sick. Is it OK to ask you about some of the library services?

Librarian: Sure. I was actually the librarian who gave the orientation, so I should be able to fill you in on what you missed.

Student: OK, well, my first question is pretty simple. What's the best way to get a book I need? One of my professors assigned each member of our class a different book to review. I need to find mine and check it out.

Librarian: Well, that's pretty easy. Just use the online catalog to find the book. You can sign in from your dorm, from your home, or anywhere you have an Internet connection. Just type in the book title or the author's name. You *will* need to come to the library to actually check the book out, though.

Student: What if the library doesn't have a book I need?

Librarian: Good question. If that happens, you'll get a "Not Found" error message. That means we don't have it in our collection here. Click on "Search Partner Libraries" in the upper right-hand corner of the computer screen. There are 10 libraries in our educational group, and if any of the other libraries have the book, you can request that it be sent from their library to our library. We'll hold it at the circulation desk for you—that's the counter at the front of the library—and you can check it out from there. Books requested on inter-library loan usually only take one day to reach our library. It's pretty fast.

Student: Wow. That's cool. I also wanted to ask you about academic journals. For most of my classes, the journals are pretty famous, like *The Journal of Psychology* or *The Economics Review*. But sometimes the professor wants us to look for information in journals that aren't so well known. What do I do if the library doesn't subscribe to the journal

I'm looking for?

Librarian: Unfortunately, that happens sometimes. In that case, you'll need to contact the publisher directly. We might be able to help you with that. Anyway, can I make a suggestion about journal articles? Of course, you can read them online. But I think it's probably better to read off a hard copy. You can either print that out at the library or do it by yourself at home. Academic journals are often really dense and not so easy to read on a computer screen. That's what I usually recommend to all of our students. [Q5]

Student: All this information is really helpful. Is there anything else that comes to your mind that I should know?

Librarian: I guess it's worth remembering that the library is open 24 hours a day 365 days a year. So even in the middle of the night, if you need a book, or if you just need a quiet place to study because your dorm is too noisy, you can always come here.

スクリプトの訳

学生とレファレンス担当の図書館員との会話を聞きなさい。

学生：こんにちは。ブラッド・ジョンソンと言います。1年生なのですが，体調を崩して休んでいたので，先週の図書館オリエンテーションに参加できなかったのです。図書館のサービスのいくつかについて，お尋ねしてもよいでしょうか。

図書館員：もちろんです。実は，そのオリエンテーションの担当者は私だったのです。ですからきっと，あなたが聞き逃したことをお教えできると思いますよ。

学生：そうですか，では，1つ目の質問はちょっとしたことです。必要な本を見つけるのにいちばん良い方法は何でしょうか？　履修しているクラスの教授の1人が，受講生全員が各々違った本を書評するという課題を出したのです。（それで）私は自分の課題図書を見つけて，借り出さなくてはならないのです。

図書館員：そうですか，それなら割と簡単ですよ。その本を見つけるには，オンライン・カタログ（蔵書目録）を使うだけのことです。寮の部屋，自宅，その他インターネットに接続できるところならどこからでもサインインできますよ。（探している）本のタイトルか著者名を入力するだけです。その本を実際に借り出すには，図書館まで足を運ばなければなりませんけどね。

学生：必要な本が図書館にない場合はどうなりますか。

図書館員：良い質問です。そういう場合には「見つかりませんでした」というエラーメッセージが表示されます。これはこの図書館の所蔵図書には含まれていないという意味です。コンピュータの画面の右上にある「提携図書館を検索する」をクリックしてください。うちの大学の教育グループには10カ所の提携先があるので，他の図書館のどこかにその本があれば，その図書館から当館に転送してくれるよう依頼できます。（そうすれば）こちらの貸し出しデ

スクでその本を取り置きしておきます。貸し出しデスクは図書館の入り口近くにあるので，そこから借り出せますよ。この図書館間貸し出し書籍を当館まで取り寄せるには，たいてい1日しかかかりません。あっという間ですよ。

学生：わあっ，それはすごい。それから学術専門誌についてもお尋ねしたかったのですが。履修している授業のほとんどで，（使われる）学術専門誌は結構有名なものなんです。「心理学学会誌」とか「経済学研究」とか。でも時折，教授は，それほど知られていない学術専門誌に載っている情報を探してくるように，私たちに求めるんです。探している学術専門誌を図書館が定期購読していない場合には，どうしたらよいでしょうか。

図書館員：残念ながら，時々あることですね。そういう場合は，出版元に直接連絡しなくてはなりません。これについては，こちらでもお手伝いできることがあるかもしれません。いずれにせよ，学術専門誌掲載の論文について，1つアドバイスがあります。もちろん掲載論文はオンラインでも読めますよ。でもハードコピーから読んだ方がたぶんいいと思います。図書館でプリントアウトすることも，自宅で自分ですることもできますよ。学術専門誌はたいがい活字が詰まっていますから，コンピュータの画面上では読みにくいものです。私が学生全員にお勧めしているのは，この方法です。[Q5]

学生：教えてくださったこと，とても助かります。他に何か知っておくべきことは思い浮かびますか？

図書館員：そうですね，当館が1年365日，1日24時間，開館していることはぜひお忘れなく。ですから真夜中でも，本が必要だったり，寮が騒がし過ぎて勉強するのに静かな場所が必要だったりすれば，いつでもここにいらしてください。

---

1 正解 Ⓐ

Ⓐ この学生についてどんなことが分かるか。

Ⓐ 彼は前の週，体調を崩していた。

Ⓑ 彼は町の外に出かけていた。

Ⓒ 彼は期限通りに本を返却しなかった。

Ⓓ 彼は図書館オリエンテーションを楽しんだ。

解説 挨拶に続いて，学生は冒頭の発言で，先週の図書館オリエンテーションに参加できなかった理由を because I was out sick「体調を崩して休んでいたので」と説明している。sick を ill と言い換えた Ⓐ が正解。会話の last week が選択肢では the previous week になっている点に注意。Ⓑ Ⓒ に該当する発話はない。図書館オリエンテーションは欠席したのだから，Ⓓ は明らかに誤り。

2 正解 Ⓓ

> 訳 図書館員によれば，この図書館にない本は，どうすれば入手できるか。

Ⓐ 借り出している人に返却してもらう。

Ⓑ この図書館が即座に購入できる。

Ⓒ 図書館のウェブサイトで閲覧できる。

Ⓓ 他の図書館から取り寄せられる。

解説 　学生の What if the library doesn't have a book I need?「必要な本が図書館にない場合はどうなりますか」という問いに対して，図書館員は提携図書館の書籍取り寄せサービスについて説明し，you can request that it be sent from their library to our library「その図書館から当館に転送してくれるよう依頼できます」と述べている。よって Ⓓ が正解。Ⓐ Ⓑ に該当する言及はない。図書館のウェブサイトで閲覧できるのは academic journals「学術専門誌」に掲載されている articles「論文」であり，書籍ではないので Ⓒ は誤り。

3 正解 Ⓒ

> 訳 もし図書館が（特定の）学術専門誌を購読していなければ，学生らはどうすべきか。

Ⓐ 自己負担で定期購読する

Ⓑ オンラインで代わりになる別の学術専門誌を探す

Ⓒ その学術専門誌の出版元に連絡する

Ⓓ 申請書に記入して図書館に提出する

解説 　会話の後半の What do I do if the library doesn't subscribe to the journal I'm looking for?「探している学術専門誌を図書館が定期購読していない場合には，どうしたらよいでしょうか」との学生の質問に対して，図書館員は Unfortunately, that happens sometimes.「残念ながら，時々あることですね」と応じ，さらに In that case, you'll need to contact the publisher directly.「そういう場合は，出版元に直接連絡しなくてはなりません」と答えている。よって Ⓒ が正解。Ⓐ Ⓑ Ⓓ に該当する発話はなされていない。

4 正解 Ⓐ

訳 この図書館について，どのようなことが示されているか。

Ⓐ 学生が使えるように常時開館している。

Ⓑ 夜遅くはとても混んでいることが多い。

Ⓒ 最近，所蔵図書の規模を拡大した。

Ⓓ 様々なイベントを頻繁に開催する。

解説 図書館員は会話の最後で I guess it's worth remembering ...「そうですね，…はぜひお忘れなく」と大切な情報を伝える定型的な表現に続けて，the library is open 24 hours a day 365 days a year「当館が1年365日，1日24時間，開館している」と述べている。よって，これを簡潔に言い換えている Ⓐ が正解。Ⓑ Ⓒ Ⓓ に相当する言及はない。the middle of the night に類義の late at night があるだけで Ⓑ にひっかからないよう要注意。

5 正解 Ⓑ

訳 会話の一部をもう一度聞き，設問に答えなさい。

（スクリプトと訳の下線部 [Q5] を参照）

図書館員の次の発言は何を意味しているか：

（スクリプトと訳の破線部を参照）

「私が学生全員にお勧めしているのは，この方法です」

Ⓐ 学生たちは自宅で課題図書を読むべきだ。

Ⓑ 学生たちは課題の学術専門誌論文をプリントアウトすべきだ。

Ⓒ 学生たちは主に，図書館内のコンピュータを使うべきだ。

Ⓓ 学生たちは学術専門誌論文を2回以上，読み返すべきだ。

解説 学術専門誌に掲載されている論文の読み方について，図書館員は online と hard copy の2つの方法があることを順に説明した上で，後者を読むことを勧め，その理由を述べている。その上で That's what I usually recommend to all of our students.「私が学生全員にお勧めしているのは，この方法です」と学生に勧めている。よって Ⓑ が正解。なお「ハードコピー」とはデータなどをプリントアウト（印刷）したもの。物理的な形のない「ソフト」に対して，形のあるものが「ハード」である。

天文学：冥王星

Listen to part of a lecture in an astronomy class.

Professor: As you know, we've already studied the inner planets and outer planets, so today we're going to move farther out in the Solar System, past Saturn, past Uranus, and past Neptune, to ... you guessed it, "Pluto"! As you know, the name "Pluto" comes from the God of the Underworld in Roman mythology. He was the lord of dark, deep, hard-to-see places. In this case, at least, this celestial body has been well named, because Pluto is so faint it can barely be seen, even with our most powerful telescopes. Very little is known about it compared to the eight planets. So what has been controversial about Pluto? Jeff?

Jeff: Well, the old question of whether it's an asteroid, a comet, a planet, or something else. During most of the 20th century it was classified as a planet, but its status changed. Astronomers now call it a "dwarf planet," not a true planet.

Professor: Yes, that's right, Jeff. It all happened in 2006 when the International Astronomical Union changed Pluto's classification. It was the first time in history that an object that was formerly regarded as a planet became something else. But why exactly did it lose its status as a bona fide planet? What were the arguments for why it shouldn't be defined that way?

Kathy: Our textbook gives three reasons. First, its orbit is so irregular, I mean, on a different plane than the planets' orbits. So it goes around the Sun at an odd angle compared to them. Second, its orbit is not round at all but extremely elliptical compared to the planets—so much so that sometimes it wasn't even the ninth planet from the Sun but the eighth planet, because its orbit brings it inside the orbit of Neptune. In fact, for most of the last three decades it's been closer to the Sun than Neptune. The last reason is its mass. It's so much smaller in mass than any of the planets—the Earth doesn't have that much mass itself, but Pluto has only a tenth of the Earth's mass. That's minuscule.

Jeff: Yeah, and isn't that why it took so long for scientists to discover it? Its mass is so small that it doesn't really exert any pull on the nearby planets. So it was really hard to find. It was more or less discovered accidentally.

Professor: Good, I see all of you have done your required reading. Yes, Jeff, Pluto's discovery is an interesting chapter in the history of astronomy. Percival Lowell, the astronomer who founded the Lowell Observatory, believed that there was another planet beyond Neptune. He carefully studied Neptune's orbit, believing that a more distant undiscovered planet might disturb its orbit and indicate where to look for the new planet. Lowell died in 1916 before Pluto was found. But 14 years later, a young astronomer at the Lowell Observatory was studying photographs of the space beyond Neptune, looking for changes in the spots of light in the photos. He noticed a tiny change in the location of one dim spot, and that is how Pluto was discovered.

Now, you know from your reading that some astronomers, like Gerard Kuiper, theorize that Pluto is an escaped moon from Neptune. Kuiper pointed out that Pluto takes about 6.4 days to complete one spin on its axis—that's a lot slower rotation than any of the outer planets. Kuiper's speculation was that Pluto used to orbit Neptune once every 6.4 days, rotating once on its axis during that time; now it orbits the Sun but still retains its old rotation from its days as Neptune's moon. That sounds pretty convincing to me. Incidentally, Kuiper's name is now attached to the ring of ancient debris and dwarf planets orbiting the Solar System just beyond Pluto. We've talked about a few of the objections to Pluto being classified as a planet. But I think we haven't talked about the role of the Kuiper Belt in the decision. Did the make-up of the Kuiper Belt influence Pluto's re-classification? How so? Anybody? [Q11]

Kathy: Astronomers have found a lot of stuff in the Kuiper Belt, especially using the Hubble Space Telescope—asteroids or chunks of rock almost as big as Pluto.

Professor: That's right. Scientists have discovered two other dwarf planets in the Kuiper Belt. In fact, there *is* a lot of stuff in the Kuiper Belt; more than 100,000 objects have been discovered so far, and some of them are quite big. And considering that less than 10 percent of the Kuiper Belt has been thoroughly cataloged, there are a lot more objects waiting to be discovered there.

OK, we really haven't talked much yet about Pluto itself. Most of what we know comes from the "New Horizons" mission, which reached Pluto on July 14, 2015. It took nine years for the spacecraft to get to Pluto, 16 months for its data to get transmitted back to the Earth, and about five years of work to analyze the data. So now I'd like to show you some slides and talk about some of the amazing features of Pluto. These include mountain ranges made of ice, large fields of frozen methane, and the largest glacier in the Solar System.

スクリプトの訳

天文学の授業での講義の一部を聞きなさい。

教授：ご承知の通り，私たちは既に内惑星と外惑星について学んできましたが，今日は，はるか太陽系のかなた，土星，天王星，海王星を過ぎて，そう，皆さんご想像の通り，「冥王星」へと話を進めましょう！　ご存じのように，「プルート」という名前は，ローマ神話の冥界の神に由来します。プルートは，闇深く目で見ることが困難な世界の支配者でした。少なくともこの場合は，この天体にはうまい名前が付いているわけです。というのも，冥王星はとてもほの暗く，最も高倍率の望遠鏡を使っても，ほとんど見えないからです。8つの惑星と比べて，冥王星についてはほとんど分かっていません。では，冥王星について問題とされてきたことは何でしょうか。（君，どうですか）ジェフ？

ジェフ：ええと，それが小惑星，彗星，惑星，または別の何かなのかという，古くからの問題です。20世紀中は長く，それは惑星として分類されてきましたが，その位置づけが変わったのです。天文学者は今ではそれを，本当の惑星ではなく，「準惑星」と呼んでいます。

教授：そう，その通りです，ジェフ。そうなったのは2006年，国際天文学連合が冥王星の分類を変更したときです。それまで惑星と見なされていた物体が別の何かになったのは，歴史上これがはじめてでした。では，いったいどうして，冥王星は真正の惑星としての位置づけを失ったのでしょうか。惑星だと定義すべきでないとされた論拠は何だったのでしょうか。

キャシー：教科書は3つの理由を挙げています。第一に，冥王星の軌道は非常に変わっている，つまり，惑星の軌道とは異なる面の上にあります。ですから，惑星と比べて奇妙な角度で太陽の周りを回っているのです。第二に，惑星と比べると，軌道が円状とはまるで異なっていて，極端に楕円状なのです。かなりの楕円状なので，冥王星は時には太陽から9番目ではなく，8番目の惑星でした。というのは，その軌道に乗って，冥王星は海王星の軌道の内側に

入るからです。実際，ここ 30 年間はほとんど，冥王星は海王星よりも太陽の近くにありました。最後の理由は，その質量です。冥王星はどの惑星よりも質量がずっと小さくて，地球自体それほど質量は大きくありませんが，冥王星はその地球のわずか 10 分の 1 の質量しかありません。これは極めて小さいです。

ジェフ：そうですね，そのせいで，科学者がそれを発見するのにとても長い時間がかかったのでしたよね。質量が非常に小さいので，近くにある惑星をほとんど引き寄せません。だから，非常に見つけにくかった。ほとんど，偶然に発見されたようなものです。

教授：よろしい。皆さん，きちんと課題を読んできたようですね。ジェフが言った通り，冥王星の発見は，天文学の歴史において興味深い出来事です。パーシバル・ローウェルは——ローウェル天文台を設立した天文学者ですが——海王星の先にもう 1 つ惑星があると考えました。彼は海王星の軌道を注意深く分析し，より遠くにあるまだ発見されていない惑星がその軌道を歪めており，そして，この新惑星がどこにあるかを示しているのではと考えたのです。ローウェルは 1916 年，冥王星が見つかる前に亡くなりました。でも 14 年後に，ローウェル天文台のある若い天文学者が海王星の先の宇宙空間の画像を調べ，この画像中の光点の変化を探している際，1 つのぼんやりした点の位置にわずかな変化があることに気がつきました。こうして冥王星は発見されたのです。

　さて，皆さんも教科書を読んで知っているように，天文学者の中には，ジェラルド・カイパーのように，冥王星が海王星から離脱した衛星であると唱えている者がいます。カイパーは，冥王星が 1 回自転するのに約 6.4 日かかると指摘しました。これはどの外惑星よりもはるかに遅い回転速度です。カイパーは，冥王星はかつて 6.4 日周期で海王星の周りを回っており，その間に 1 回自転すると推測しました。冥王星は今では太陽の周りを回っていますが，かつて海王星の衛星だった頃の古い自転速度はいまだに保持しているというわけです。これは私には，とても説得力があるように思われます。ちなみに，カイパーの名前は今では，冥王星のすぐ外側で太陽系の周りを回っている，古い残骸と準惑星のリングに付けられています。冥王星を惑星に分類することへの批判のいくつかについては既に話しましたが，この決定に際して，カイパーベルトが果たした役割についてはまだ話していませんでしたね。カイパーベルトの構成は冥王星の再分類に影響したのでしょうか。どのようにでしょうか，誰か分かりますか。[Q11]

キャシー：天文学者は，特にハッブル宇宙望遠鏡を使って，カイパーベルトで多くのものを発見してきました。小惑星やほとんど冥王星と同じくらい大きな岩石の塊などです。

教授：そうなんです。科学者たちはカイパーベルトの中にもう 2 つ準惑星を発見したのです。実のところ，カイパーベルトには多くのものがあります。これまでに 100,000 以上の物体が見つかっており，その中にはかなり大きなものもあります。カイパーベルトのうち，完全にカタログ化が済んでいるのは 10% にも満たないことを考えると，そこにはまだ発見を待っているもっと多くの物体があることになります。

　さて，冥王星そのものについてはあまりお話ししていませんね。私たちが知っていることのほとんどは，2015 年 7 月 14 日に冥王星に到達した「ニューホライズンズ」計画から得られたものです。宇宙船が冥王星に着くのに 9 年，冥王星のデータが地球に送り返されるまでに 16 か月，そのデータを分析する作業に約 5 年の歳月を要しました。さてそれではスライドをお見せしながら，冥王星の驚くべき諸特徴のいくつかについて，お話ししましょう。それには氷でできた山脈，凍結したメタンの広い原野，太陽系最大の氷河が含まれます。

6 正解 Ⓒ

訳 学生たちは何を学んできている可能性が最も高いか。

Ⓐ 彗星

Ⓑ 小惑星

Ⓒ 惑星

Ⓓ カイパーベルト

解説 設問が問うているのは今日の授業内容ではなく，この授業に先立ってこれまで学んできたこと。設問の時制が現在完了進行形であることに留意。現在進行形と勘違いしてしまうと，今日の授業内容に含まれる Ⓓ にひっかかってしまうかもしれない。授業の冒頭で教授は，we've already studied the inner planets and outer planets「私たちは既に内惑星と外惑星について学んできました」とした上で，today we're going to move farther out in the Solar System, past Saturn, past Uranus, and past Neptune, to …「今日は，はるか太陽系のかなた，土星，天王星，海王星を過ぎて」と述べ，今日のテーマである「冥王星」を you guessed it, "Pluto"! と紹介している。よって Ⓒ「惑星」が正解。

CHAPTER 3 Listening

7 正解 Ⓒ

訳 冥王星のどのような性質がその名称を最もよく表していると教授は考えているか。

Ⓐ その温度

Ⓑ その質量

Ⓒ その薄暗さ

Ⓓ その速度

解説 教授は最初の発言中で「冥王星」の名前が，ローマ神話の the God of the Underworld「冥界の神」，すなわち the lord of dark, deep, hard-to-see places「闇深く目で見ることが困難な世界の支配者」に由来すると説明し，この命名について well named「うまい名前が付いている」と述べている。その理由は続く部分で because Pluto is so faint it can barely be seen「冥王星はとてもほの暗いので，ほとんど見えない」と説明されている。よって，これを dimness と言い換えている Ⓒ が正解。

8 正解 Ⓑ Ⓓ

訳 なぜ科学者は冥王星を準惑星に再分類したのか。

（答えを2つクリックしなさい）

Ⓐ その速い回転速度

Ⓑ その偏心的な軌道

Ⓒ その特異な構成

Ⓓ その小さな質量

115

解説 教授の But why exactly did it lose its status as a bona fide planet?「では, いったいどうして, 冥王星は真正の惑星としての位置づけを失ったのでしょうか」との質問に応える形で, 学生キャシーが教科書の指摘3点を挙げている。これらは, First, its orbit is so irregular「第一に, 冥王星の軌道は非常に変わっています」, Second, its orbit is ... elliptical「第二に, …軌道が…楕円状なのです」, The last reason is its mass. It's so much smaller in mass ...「最後の理由は, その質量です。冥王星は…質量がずっと小さい」であり, Ⓑ が2点目と, Ⓓ が3点目と同義である。よってこれらが正解となる。

9 正解 Ⓐ

訳 冥王星はおそらくどのように生まれたと教授は推察しているか。

Ⓐ 海王星の衛星の1つとして

Ⓑ 地球の引力に捕らえられた彗星として

Ⓒ 小惑星帯から離脱した小惑星として

Ⓓ カイパーベルトにあった巨大な残骸として

解説 冥王星の起源について教授は, Gerard Kuiper「ジェラルド・カイパー」の学説を紹介している。それによると Pluto is an escaped moon from Neptune「冥王星が海王星から離脱した衛星である」とされており, この説について教授は That sounds pretty convincing to me.「これは私には, 大変説得力があるように思われます」と述べて, 肯定的に評価している。よって, 教授もカイパーと同じように, 冥王星は Ⓐ のように生まれたと考えていることが分かる。

10 正解 Ⓓ

訳 「ニューホライズンズ」計画について，教授が示唆していることは何か。

Ⓐ 期待されていたほど成功しなかった。

Ⓑ 資金調達が極めて高くついた。

Ⓒ カイパーベルトの中に多くの新しい物体を発見した。

Ⓓ 実行するのに長い時間がかかった。

解説 教授は講義の最後で the "New Horizons" mission「ニューホライズンズ」計画について，It took nine years for the spacecraft to get to Pluto「宇宙船が冥王星に着くのに 9 年」，16 months for its data to get transmitted back to the Earth「冥王星のデータが地球に送り返されるまでに 16 か月」，about five years of work to analyze the data「そのデータを分析する作業に約 5 年」と，合計すると 15 年以上の歳月を要したと説明している。よって正解は Ⓓ。Ⓐ と Ⓑ に該当する指摘はなされていない。Ⓒ は「ニューホライズンズ」計画ではなく，「ハッブル宇宙望遠鏡」の成果である。

11 正解 Ⓓ

訳 講義の一部をもう一度聞き，設問に答えなさい。

（スクリプトと訳の下線部 [Q11] を参照）

教授の次の発言は何を意図しているか：

（スクリプトと訳の破線部を参照）

「どのようにでしょうか，誰か分かりますか」

Ⓐ その問題に対する答えが明白だと暗に言うこと

Ⓑ その問題を解ける人はほとんどいないと示唆すること

Ⓒ その難題に関する個人的な疑問を表明すること

Ⓓ 説明するよう学生らをうながすこと

解説 How so? は疑問文であり，so とは具体的には直前の Did the make-up of the Kuiper Belt influence Pluto's re-classification?「カイパーベルトの構成は冥王星の再分類に影響したのでしょうか」のこと。つまり教授は学生に対して，カイパーベルトの構成かとつ冥土星の再分類に影響したか，を尋ねている。Anybody? とは訳文にもあるように「誰か分かりますか」と，学生の発言を求める呼びかけである。よって，正解は Ⓓ。

アメリカ史：植民地時代，政府，政治

スクリプト

Listen to part of a lecture in a history class. The professor has been discussing the American Colonial period.

1   Last week, we talked about the American Revolution, the conflict which eventually resulted in the American colonies becoming independent from Great Britain. Today I'd like to take a look at the initial efforts to frame a constitution to govern this new entity. You can imagine the types of disagreements that ensued over what to do. Thirteen colonies now had to shape new governmental structures to replace the administrative organizations the British had put into place. The former colonists had to decide how much hard-won sovereignty they were willing to surrender to the newly formed federal government. Some colonies were more willing to cede varying degrees of authority to the central government than others. That made coming up with a document everyone could agree on very, very difficult. Progress on the first constitution was unsteady and many mistakes were made.

2   But some form of national union had to be created that would at least permit national survival. In June 1776, almost one month before the Declaration of Independence was signed on July 4th, in other words while the colonies were still officially under British rule, an unofficial committee, headed by John Dickinson, was formed to draft the first constitution. One year later, in 1777, the newly formed Congress finally approved of the draft and recommended it to the individual state governments—no longer colonies, right?—for ratification. Yet huge gaps in the various states' perception of the document remained, for example, what to do about slavery, who should control the lands beyond the states' western boundaries, and, maybe most important, certainly to several of the states, how to ensure that small states would not be dominated by the

power of their larger associates.

3   The new document, called the Articles of Confederation, recognized a league of sovereign states which would allow Congress to control external matters, like foreign policy, as well as to coin money, manage the post office, and mediate border disputes. The authority to levy taxes or to regulate interstate commerce was conspicuously missing.

4   But these limitations are perfectly understandable when we put them into context. They simply reflected the political reality of the times. I mean, the main reason why Americans declared their independence was because they deeply feared the potential tyranny of a strong, centralized government. There was no way that they were going to replace one such administration with another, even one of their own making. [Q16] So, even though the Articles of Confederation were in many ways a watered-down document, it still took four years, until 1781, before all of the states had ratified them and they officially went into force. Let me give you an example of one of the main sticking points. States with fixed western boundaries, such as Maryland, insisted that all unsettled lands west of the mountains should be administered by the new national government. It wasn't until 1780 that this logjam was broken. And the key was New York's eventual willingness to give up its western land claims. That set a precedent—Connecticut and Virginia soon followed suit. Based on the actions of these three states, Maryland dropped its objections to ratification, formally accepting the Articles of Confederation in February of 1781.

5   However, even though the Articles provided a minimal structure necessary to guide the new nation through the revolutionary period, they were clearly inadequate to deal with national needs in the postwar years. The nineteenth-century American historian, John Fiske, very representative of academic thought in his era, claimed that the drawbacks of the Articles of Confederation threatened the very survival of the country at that time. Modern historians like me agree that things were

serious, but probably not as dire as Fiske made them out to be. Still, there were problems that could only be solved by a vastly stronger national government. And that's why, beginning in 1782, the year after the Articles officially came into effect, various conventions were held from time to time to discuss a new constitution, which was finally adopted in Philadelphia in 1787. By the way, fifty-five delegates attended that final convention. <u>They represented every state except for one. Can you guess which one? Rhode Island, by far the smallest state in both population and area, refused to attend.</u> It goes without saying that <u>concerns of autonomy and sovereignty were still very much on the minds of the inhabitants of not only Rhode Island, but also other small states.</u> [Q17] Considering that, it's pretty impressive that the convention delegates were able to finally hammer out a document that all states could eventually agree to— a constitution that still serves as the base for the American political system more than 200 years later.

スクリプトの訳

歴史の授業での講義の一部を聞きなさい。教授は，アメリカ植民地期について論じている。
【1】先週は，アメリカ独立革命について話をしました。この戦いによって，アメリカの植民地がついにイギリスから独立したのでしたね。今日は，この新たな国を統治するための憲法起草に関する初期の取り組みに，目を向けてみたいと思います。何をなすべきかをめぐってどんな意見の違いが生じたか，皆さんも想像できるでしょう。13植民地は今や，イギリス人が設置した行政組織に代わる，新たな統治機構を作らねばなりませんでした。かつての植民地人は，新たに形成された連邦政府に対して，苦労の末に勝ち取った主権をどの程度，進んで移譲するか決めなければなりませんでした。いくつかの植民地は，他の植民地よりももっと積極的に，様々なレベルの権限を中央政府に譲渡しようとしました。そのことが，誰もが同意できる文書（訳注：連邦憲法）の制定を，非常に難しくしたのです。はじめての憲法への足取りはおぼつかなく，多くの過ちが犯されました。
【2】しかし，少なくとも国の生き残りを可能にするような，何らかの国家的統合体が作り出されねばなりませんでした。1776年6月，独立宣言が7月4日に署名されるほぼ1か月前，すなわち，植民地がまだ正式にはイギリスの支配下にあるときに，ジョン・ディキンソンが委員長を務める非公式の委員会が，最初の憲法を起草するために組織されました。1年後の1777年には，新たに組織された議会が，ようやく草案を承認し，それを個々の州政府——これはもう植民地ではありませんね——に，批准するよう勧告したのです。ところが，この文書の捉え方には，諸州間に大きな隔たりが残っていました。例えば，奴隷制をどうするか，各州の西部境界の向こうにある土地は誰が支配すべきなのか。そして，おそらく最も重要だった，いくつかの州にとっては間違いなくそうだったのは，どうすれば小さな州がより大きな州の力によって支配されないよう保証できるのか，ということでした。

【3】「連合規約」と呼ばれるその新しい文書が認めていたのは，主権を持つ諸州の連合であり，この連合は連邦議会に対して，外交政策などの対外問題の対応，それに加えて貨幣の鋳造，郵便局の運営，州境をめぐる紛争の仲介を認めることになっていました。課税したり，各州間の通商を規制したりする権限は，明らかに抜け落ちていたのです。

【4】しかし，それらの限界も，文脈の中に置いてみれば，十分理解できるものです。それらは，単に当時の政治的現実を反映していたのです。つまり，アメリカ人が独立を宣言した主たる理由は何かといえば，それは，中央集権化された強大な政府に潜在する専制の可能性をひどく危惧していたからです。そんな政府を，また別の同じような政府で置き換えるわけにはいかなかったのです。仮にそれが自分たちで作ったものであっても，です。[Q16] ですから，連合規約は多くの点で妥協された文書であったにもかかわらず，すべての州がそれを批准し，正式に発効する 1781 年まで，なお 4 年の歳月を要したわけです。膠着状態を招いた主な問題の一例を挙げてみましょう。西部の州境が確定していたメリーランドのような州が，山脈の西側にある未入植の土地はすべて，新しくできた中央政府によって管理されるべきだと強く主張しました。こうした事態の行き詰まりが打開されたのは，1780 年になってのことでした。その鍵となったのは，ニューヨーク州が，州西部の土地に対する要求を最終的に進んで放棄したことでした。これが先例となって，まもなくコネチカット州とヴァージニア州もそれに続きました。これら 3 つの州の動きを受けて，メリーランド州も批准反対を取り下げ，1781 年 2 月に正式に連合規約を受け入れたのです。

【5】ところが，連合規約は，革命期の新生国家を導くのに必要な最小限の仕組みを提供してはいたのですが，独立戦争後の様々な国家的必要性に対応するには明らかに不十分なものでした。19 世紀のアメリカの歴史家，ジョン・フィスクは，まさに当時の学術思想を代表する人物ですが，彼は連合規約の欠点が当時のアメリカの生存そのものを脅かしたのだと主張しました。私のような現代の歴史家も，事態が深刻だったことには同意しますが，おそらくフィスクが言うほど差し迫ってはいなかったと考えています。でもやはり，より強大な中央政府によってしか解決できないような諸問題がありました。だからこそ，連合規約が正式に発効した翌年，1782 年以降，新たな憲法を論議するため様々な会議が折に触れて開かれ，1787 年，ついにフィラデルフィアで新憲法が採択されたのです。ところで，この最後の制定会議には，55 人の代表が参加していました。彼らは，1 つの州を除いたすべての州の代表でした。その 1 つの州はどこだと思いますか。人口も面積もともに断然最小の州，ロードアイランド州が，出席を拒んだのです。言うまでもなく，ロードアイランド州に限らず，その他の小さな州の州民の頭から，まだ自治と主権をめぐる懸念が払拭されていなかったのです。[Q17] これを考えると，制定会議に集った代表者たちが，最終的には全州が合意できる文書を苦心して起草できたのは，実に驚くべきことです。200 年以上経った今もなお，アメリカの政治制度の基礎として機能している憲法を，です。

12 正解 Ⓐ

訳 この講義の主題は何か。

Ⓐ 新生国家を統治するための中間的文書

Ⓑ 独立宣言署名の正確な歴史

Ⓒ 連合規約の欠点

Ⓓ 合衆国が領土を西部に拡張した理由

解説 本講義の主題について，教授は冒頭で Today I'd like to take a look at the initial efforts to frame a constitution to govern this new entity. 「今日は，この新たな国を統治するための憲法起草に関する初期の取り組みに，目を向けてみたいと思います」と述べている。the initial efforts「初期の取り組み」とは，具体的には，続く部分で説明されている the Articles of Confederation「連合規約」のこと。よって，これを言い換えている Ⓐ が正解。「連合規約」が interim document「中間的文書」と言い換えられているのは，この規約が，1776 年の「独立宣言」から 1787 年「合衆国憲法の制定」までの期間に，interim「暫定的な，仮の，当座の」規約として定められたものであったため。Ⓑ Ⓒ Ⓓ への言及はあるが，主題ではない。

13 正解 Ⓒ

訳 連合規約の起草に際しての争点として教授が言及していないのは次のどれか。

Ⓐ 奴隷制がどの程度認められるべきか

Ⓑ 小さな州と大きな州の力のバランス

Ⓒ 外交問題を処理する責任

Ⓓ 元々の（13 の）州の西側に広がっている土地の支配権

解説 設問の a point of contention「争点」に相当するのは，講義第 2 段落中程の huge gaps「大きな隔たり」であり，その具体例として for example 以下，① what to do about slavery「奴隷制をどうするか」，② who should control the lands beyond the states' western boundaries「各州の西部境界の向こうにある土地は誰が支配するべきなのか」，③ how to ensure that small states would not be dominated by the power of their larger associates「どうすれば小さな州がより大きな州の力によって支配されないよう保証できるのか」の 3 点が挙げられている。これらは順に Ⓐ Ⓓ Ⓑ に対応している。よって，対応する言及のない Ⓒ が正解。Ⓒ は第 3 段落で to control external matters「対外問題の対応」として，連合規約では連邦議会の権限と明記されていた，と述べられている。

14 正解 Ⓐ

（訳） 連合規約の最終的な批准に結びついたのは何であったと教授は述べているか。

Ⓐ ニューヨーク州が州西部の領域の支配権を放棄したこと

Ⓑ 山脈の向こうにある未入植地の探索

Ⓒ メリーランド州が西部州境の確定に同意したこと

Ⓓ 連邦政府が税務署を設置したこと

> **解説** 設問の the final ratification of the Articles of Confederation「連合規約の最終的な批准」に相当するのは、講義第4段落中程の until 1781, before all of the states had ratified them and they officially went into force「すべての州がそれを批准し、正式に発効する1781年まで」であり、直後でこれに至る過程での an example of one of the main sticking points「膠着状態を招いた主な問題の一例」が説明されている。これを打開したものとして指摘されているのが、the key was New York's eventual willingness to give up its western land claims「その鍵となったのは、ニューヨーク州が、州西部の土地に対する要求を最終的に進んで放棄したことでした」である。よって、これを言い換えている Ⓐ が正解。

15 正解 Ⓑ

（訳） 歴史家ジョン・フィスクが取った見解について教授は何と述べているか。

Ⓐ 19世紀末の歴史家としては非常に珍しかった。

Ⓑ 連合規約の弱点を誇張していた。

Ⓒ 連合規約の影響を過小評価していた。

Ⓓ 革命後のアメリカの精神を捉えていた。

> **解説** 教授は講義の第5段落で、連合規約の欠点が threatened the very survival of the country「アメリカの存在そのものを脅かした」とする John Fiske「ジョン・フィスク」の見解の解釈について、Modern historians like me agree that things were serious, but probably not as dire as Fiske made them out to be.「私のような現代の歴史家も、事態が深刻だったことには同意しますが、おそらくフィスクが言うほど差し迫ってはいなかったと考えています」と述べている。よってこれを言い換えている Ⓑ が正解。like me「私のような」というわずかな表現を聞き逃してしまうと、教授自身の見解であることが分からないので、要注意。

16 正解 Ⓐ

🈁 講義の一部をもう一度聞き，設問に答えなさい。

（スクリプトと訳の下線部 [Q16] を参照）

教授は次のように述べることで，何を意味しているか：

（スクリプトと訳の破線部を参照）

「つまり，アメリカ人が独立を宣言した主たる理由は何かといえば，それは，中央集権化された強大な政府に潜在する専制の可能性をひどく危惧していたからです。そんな政府を，また別の同じような政府で置き換えるわけにはいかなかったのです。仮にそれが自分たちで作ったものであっても，です」

Ⓐ アメリカ人は，強大な中央政府を警戒していた。

Ⓑ アメリカ人は，個人の自由は制限される必要があると感じていた。

Ⓒ アメリカ人は，自分たち自身の政府を作るのが困難だと思った。

Ⓓ アメリカ人がイギリスから離反したのは正当だった。

解説 教授の I mean「つまり」という表現から，この部分の中心的主張は they deeply feared the potential tyranny of a strong, centralized government「中央集権化された強大な政府に潜在する専制の可能性をひどく危惧していた」であると分かる。よって，これを言い換えている Ⓐ が正解。

17 正解 Ⓓ

🈁 講義の一部をもう一度聞き，設問に答えなさい。

（スクリプトと訳の下線部 [Q17] を参照）

教授はなぜ次のように述べているのか：

（スクリプトと訳の破線部を参照）

「言うまでもなく」

Ⓐ そのトピックがあまり重要でないことを示すため

Ⓑ 既に十分に論点を説明したことを示唆するため

Ⓒ この主題をこれ以上論じるのを避けるため

Ⓓ ある特定の事例の論理的帰結を示すため

解説 It goes without saying「言うまでもなく」とは，常識あるいは論理的な推測によって誰でも理解できるため，詳細な説明を要さないことを述べるときに用いる表

現である。go は「行く」ではなく，「通用する」の意味。ここでは第2段落末で連合規約をめぐる諸州間の議論について，maybe most important, certainly to several of the states, how to ensure that small states would not be dominated by the power of their larger associates「おそらく最も重要だった，いくつかの州にとっては間違いなくそうだったのは，どうすれば小さな州がより大きな州の力によって支配されないよう保証できるのか，ということでした」と説明されているので，設問の該当箇所 Rhode Island, by far the smallest state in both population and area, refused to attend.「人口も面積もともに断然最小の州，ロードアイランド州が，出席を拒んだのです」の原因は十分に推測が可能である。よって正解は Ⓓ。a specific example「特定の事例」とはロードアイランド州が小州であるという事実であり，its logical conclusion「論理的帰結」とは，小州が自らの autonomy and sovereignty「自治と主権」の侵害を懸念するということである。

Speaking Section 解答解説

▶問題　p. 66〜69

No. 1　🔊 track 37

スクリプト

Now, you need to state your opinion about a general topic. There will be 15 seconds of preparation time and 45 seconds for speaking.

スクリプトの訳

それでは，一般的なトピックについて意見を述べてください。準備時間は 15 秒，話す時間は 45 秒です。

設問訳 大学の中には1年生が学外でアルバイトをしないよう勧める方針をとるところがあります。一方で，学生に仕事を紹介してアルバイトを奨励する大学もあります。あなたは大学1年生にとって，どちらの方針がより好ましいと考えますか。またそれはなぜですか。詳細に，かつ具体例を挙げながら説明しなさい。

解答例 **A** 模範解答　🔊 track 45

Although some universities encourage first-year students to work part-time, I think first-year students should concentrate on their studies. **❶** The transition between high school and university is not easy. <u>First of all</u>**❷**, there's a lot more reading required. <u>Secondly</u>**❷**, most classes also require a lot more writing. If students work outside, they'll find <u>it difficult to keep up</u>**❸** with their assignments. <u>In addition</u>**❷**, the reality is that we need to achieve high grades in competition with others. Until students have become familiar with the university environment, they need to <u>devote most of their energy to</u>**❹** their classes. <u>That's why</u>**❺** I agree with policies that discourage students from working off campus during their first year at college.

➕ **プラス・ポイント**

❶ 冒頭の一文で自分の主張を明確にし，続いてその論拠を列挙するという理想的な定型に従っている。

❷ First of all, Secondly で論拠を分かりやすく列挙している。さらに In addition で内容を補足している。

❸ it ― to 不定詞（仮目的語―真目的語）の正しい使い方で文法力がアピールできている。

❹ devote most of their energy to ...「精力の大半を…に注ぐ」も高い語彙力をうかがわせる。

❺ That's why ...「このような理由で」で結論の導入を明示し，冒頭の主張を繰り返すことで明確にしている。

訳 1年生にアルバイトを奨励する大学も中にはありますが，1年生は自分の勉強に専念すべきだと私は思います。高校から大学への移行は容易ではありません。第一に，求められるリーディングの量は非常に多くなります。第二に，大半の授業では求められるライティングの量もずっと多くなります。学外で働けば，課題を遅れずにこなすことは難しくなるでしょう。それに加え，他の学生と競い，良い成績を修めなければならないという現実があります。大学の環境に慣れるまでは，学生は精力の大半を授業に注ぐべきです。このような理由から，私は，大学での1年目は学生が学外で働かないよう勧める方針に賛成です。

I think students should not work at universities because they have a lot of study to do when they first come to university. At my university, we have specific English courses and <u>we have to study a lot for those courses</u>❶. And we also have to study more because we can learn <u>a lot of things</u>❷ and we <u>make a good profit</u>❸, we make good use of <u>those situations</u>❹. We first have to <u>get accustomed to study more</u>❺. <u>So</u>❻, first-year students should focus on their study, not <u>job</u>❼.

➖ **マイナス・ポイント**

以下，誤りや不適切な点のうちいくつかを取り上げる。

❶ essays「レポート」や exams「試験」がたくさんある，など具体的にした方がよい。

❷ a lot of things では曖昧。具体的に説明すべき。

❸ make a profit は「儲ける」なのでこの文脈では不適当。

❹ those situations では曖昧。具体的に説明すべき。

❺ get accustomed to ...「…に慣れる」の to は前置詞なので，それに続くのは study（動詞）でなく studying（動名詞）とする必要がある。また，どのような勉強をするのか，どのように「慣れる」のかが曖昧。

❻ So はまとめの表現としては弱い。また会話表現であり，論述式の解答には不適。

❼ job は可算名詞なので，文脈に合わせて part-time jobs とすべき。

訳 学生は大学では働くべきでないと思います，というのは，はじめて大学に来るとき，やる勉強がいっぱいあるからです。私の大学では，特定の英語の科目があって，それらの科目のためにいっぱい勉強しなくてはいけません。そして，私たちはさらに，もっと勉強しなくてはいけません，というのは，いっぱい勉強できるし，たくさん儲けるから，この状況をうまく用います。私たちはまず，もっと勉強するのに慣れなくてはいけません。だから，1年生は仕事じゃなくて，勉強に専念すべきです。

解答のポイント

① **応答性**：設問を正しく理解し，的を射た解答になっている。

② **論理展開**：論理の展開が明快で一貫しており，説得力がある。

③ **話し方**：発音・話し方が適切で，全体的に流暢である。
<ruby>りゅうちょう</ruby>

④ **文法・語彙**：文法・表現が正しく適切で，分かりやすい。

⑤ **分量**：与えられた解答時間に応じた，適切な長さである。

CHAPTER 3 Speaking

①② **応答性と論理展開**

設問は，大学１年生のアルバイトに関する２つの異なる校則について（1）Which policy do you think is better「どちらの方針がより好ましいと思うか」を，（2）Include details and examples「詳細に，かつ具体例を含めて」説明するよう求めている。このように二者択一を求める設問では，必ずどちらを選ぶか明言し，続いてその論拠を列挙し，最後にもう一度，全体をまとめつつ，どちらを選んだか再言及するのが定石（基本パターン）である。

解答例 **A** は，最初にアルバイト禁止の校則を支持する立場を明言し，続いて大学の授業の大変さを理由として述べ，First of all, Secondly とシグナルワードを用いて詳しく説明している。さらに In addition で補足を加えている。最後に That's why 以下，自分の立場を繰り返して確認・強調し，全体の論述をまとめているので分かりやすく，説得的である。

解答例 **B** も設問に応じて，students should not work「学生は働くべきではない」と立場を決め，because ...「なぜなら」と理由を挙げ，さらに At my university「私の大学では」と具体的な経験を示そうとしていることはプラスポイントである。最後に So「だから」と全体をまとめようとしていることも評価できる。しかし，シグナルワードを効果的に用いていないので，論拠が何点あるのか不明瞭である。

③ **話し方**

解答例 **A** は，ペース，イントネーション，アクセント，発音，すべてが理想的であるのに加えて，First of all，Secondly，That's why とシグナルワードによって区切られるブロックの手前で，一呼吸おくことによって，全体の構成がより分かりやすく話されている。

文法・語彙

解答例 A は，可算名詞と不可算名詞の区別，定冠詞の使い方など，基本が的確に押さえられている。また語彙のレベルや多様性も理想的であり，さらにthey'll find it difficult to keep up のような形式目的語を用いた構文などを効果的に使いこなし，英語力をアピールしている。devote most of their energy to ...「精力の大半を…に注ぐ」など，イディオムを使いこなしているのもポイントが高い。

解答例 B も，make a good profit「たくさん儲ける」，make good use of ...「…をうまく用いる」など，定型的表現を用いているが，言わんとしている内容が不明瞭なままである。また a lot ばかり3度も繰り返して用いたり，接続詞の because と and を多用したりと，語彙や表現が豊かだとは言えない。

分量

解答例 A は約120語と，過不足なく理想的である。解答例 B は約90語しかなく，解答時間を有効に使い切れていない。

パッセージの訳

学食の値上げを予定

当大学のフードサービスはこの秋，7パーセントの値上げを予定しています。過去4年間，食事の価格は，据え置いてきました。（ただし）基本的な食材の価格上昇を受けて，当カフェテリアは価格を抑えるために，メニュー数は減らしてきました。また，昼食，夕食ともに提供時間を2時間に短縮してきました。フードサービスでは，学生の皆さんにより良いサービスを提供し，昼食と夕食のメニューをさらに充実させ，また，提供時間を毎食2時間半に延長するために，今回，若干の値上げを検討している次第です。

スクリプト

Now, you need to read a short passage and listen to a conversation related to that topic. Then, you will need to answer a question concerning these items. There will be 30 seconds of preparation time and 60 seconds for speaking.

The food service contractor at State University is planning to increase the price of cafeteria meals. Read the announcement about the increase. You will have 45 seconds to read the announcement. Begin reading now.

Now listen to two students as they discuss the announcement.

M: I can't believe they're going to increase the price of meals. The food service really stinks—why should we pay more for poor meals?

W: Well, I agree the school's meal service is not very good, but it's never going to get better without a bit more funding. I'm a vegetarian. Since I don't eat meat, right now there's hardly anything for me to eat at lunch and dinner. I get maybe one choice per meal.

M: OK. But who's to say that the fee increase will really go into more choices at meal-time? It'll probably just be swallowed up in other ways.

W: All right, I admit there's no guarantee. But they say they'll expand our options and I believe them. One thing, though, that will change for sure is there will be more time to get meals. Look, I'm a chemistry major and I've got labs until 7 maybe three or four nights a week. There are lots of nights I don't even have a chance to eat. If they extend dinner by 30 minutes, until 7:30, I'll at least have a chance to eat something.

M: That's probably true. But as for improving the food service, I'm a skeptic. I'll believe it when I see it.

スクリプトの訳

それでは，短い文章を読み，そのトピックに関連した会話を聞いてください。その後で，両者に関する質問に答えてください。準備時間は 30 秒，話す時間は 60 秒です。

ステート大学のフードサービスの請負業者が，学食のメニューの値上げを予定しています。値上げに関するお知らせを読みなさい。お知らせを読む時間は 45 秒です。では，読み始めてください。

では，お知らせについての 2 人の学生の会話を聞いてください。

男性：メニューを値上げするなんて信じられないよ。学食ってまずいしさ。なんでまずい食事にもっとお金を払わなきゃいけないんだろう？

女性：そうねえ，うちの大学の学食がいまいちだってことは同感だけど，もう少し予算がないことには今以上良くなることもないよね。私は菜食主義者なの。お肉は食べないから，今は昼も夜もほとんど食べられるものがないのね。毎食選択肢は 1 つっていうところかな。

男性：それは分かるよ。でも，値上げで本当にメニューが充実するかなんて誰も分からないじゃない？ どうせ他のことに使われちゃうだけさ。

女性：確かに，確実じゃないってことは認めるよ。でも，メニューの選択肢を増やすって言っているし，私は信じる。でも少なくとも間違いなく変わるのは，食事できる時間が長くなるってこと。考えてもみてよ，私は化学専攻だから，週 3，4 回くらいは夜 7 時まで実験なのよ。食べるチャンスが全然ない晩ってざらなんだから。夕食の時間が 30 分延びて 7 時 30 分までになったら，少なくとも何かしらありつけるようになる。

男性：まあそれはそうだね。でも学食の質の向上に関しては，僕は半信半疑だよ。自分の目で見たら信じるけどね。

設問訳 女性は学食の値上げ予定についての自分の意見を言っています。その意見を述べ，その根拠として彼女が挙げている理由を説明しなさい。

解答例 A 模範解答 🔊 track 46

The woman believes that the fee increase for meals <u>may be justified</u>[1]—<u>mainly for two reasons</u>[2]. <u>To begin with</u>[3], she doesn't eat meat and she says that right now there aren't enough things for her to choose from. <u>In fact</u>[4], she states that usually there's only one choice of food for her. If the food service raises fees, <u>it's supposed to</u>[5] provide more meal options for students<u>, which</u>[5] will be good for her. <u>Moreover</u>[6], because she's a chemistry major, she has a lot of labs. <u>At present</u>[5], the food service closes too early, and she often has to miss dinner. She argues that if the meal service increases its fees, it will allow them to extend the meal hours. So she'll be able to have dinner after her labs finish. <u>That's another reason</u>[7] she supports it.

➕ プラス・ポイント

[1] may be justified という，会話に登場しない独自の表現で女性の考えをまとめている。

[2] この後に列挙する理由の数を明示しており，分かりやすい。

[3] To begin with「まず（はじめに）」で理由の1点目を分かりやすく示している。

[4] 前文を In fact「実際に」と具体的に展開し，さらに補強している。

[5] be supposed to *do*，関係代名詞 which，At present などで語彙力・文法力の高さが分かる。

[6] Moreover「さらに」で理由の2点目を分かりやすく示している。

[7] That's another reason「これが…もう1つの理由です」で2つ目の理由をはっきりと示し締めくくっている。

訳 女性は，学食の値上げはやむを得ないとして，大きく2つの理由を挙げています。まず，彼女は肉類を食べないので，現状では選択の余地が十分にないと言っています。実際，いつも1品しか選択肢がないと述べています。フードサービスが値上げすれば，学生により多くのメニューを提供できるはずで，これは彼女にとって良いことです。さらに，彼女は化学専攻で，実験がたくさんあります。今は，フードサービスがあまりに早く閉まってしまうので，夕食を食べ損なうこともしばしばです。フードサービスが値上げすれば，提供時間を延長できるだろうと彼女は述べています。そうすれば彼女は実験が終わってからでも夕食をとることができます。これが，彼女が値上げを支持するもう1つの理由です。

✕ 解答例 B 問題のある解答

She don't❶ disagree with❷ the increasing of university food❸. Current service there is no food for her.❹ It means❺ that nearly all food is made with porks, or beefs❻, or some meat. It means❺ that if the service can use much more cost❼ maybe they can serve some dishes for vegetarians. And her major is chemistry so she have❽ to stay late every day, well, not every day, but ... and she have❽ no time to eat so the meal service time was extended so it's lucky for her❾.

⊖ マイナス・ポイント

❶ 主語—助動詞の非対応。She doesn't が正しい。

❷ not disagree は二重否定で「同意しなくない」だが，回りくどいので，She agrees with とした方がよい。

❸ the increasing ... food ではなく，the increase in the price of meals とすべき。

❹ Current service とその後が文法的につながらない。The current food service offers her little to eat. などとするとよい。

❺ It means「つまり」とあるが，前後の文が言い換え，または因果関係の指摘ではない。また，同じ表現を繰り返している。

❻ pork, beef はともに不可算名詞なので複数形にはならない。

❼ use ... cost は誤り。increase the price とする。

❽ 主語—助動詞／述語動詞の非対応。she has とする。

❾ 時制の誤り。仮定法過去なら if the meal service time were extended it would be better for her とするのが正しい。lucky という表現は口語的過ぎ，論述には不適切。

訳 彼女は大学の食事を高めるのに反対じゃない。今のそこのサービスには彼女の食べ物は全くないです。その意味は，ほとんど全部の食べ物が豚肉たちか，牛肉たちか，いくらかの肉でできています。その意味は，もしこのサービスがもっと多く費用を使えれば，もしかすると，菜食主義者用の料理も少し出せるようになります。あと，彼女の専攻は化学です，だから彼女は毎日，遅くまでいなければなりません，えっと，毎日じゃなくて，でも……そして彼女は食べる時間が全然なくて，だから学食の時間は延長されたので，だからそれって彼女にはラッキーです。

> **解答のポイント**
> ① **応答性**：設問を正しく理解し，的を射た解答になっている。
> ② **論理展開**：論理の展開が明快で一貫しており，説得力がある。
> ③ **話し方**：発音・話し方が適切で，全体的に流暢である。
> ④ **文法・語彙**：文法・表現が正しく適切で，分かりやすい。
> ⑤ **分量**：与えられた解答時間に応じた，適切な長さである。

①② 応答性と論理展開

　設問は，学食の値上げ案に対する，(1) her opinion「女性の意見」と，(2) the reasons she gives「彼女が挙げている理由」を求めているので，この2点を押さえて解答しなくてはならない。もちろん，そのためには，課題文の読解と，会話の聴解がともにできていることが大前提となる。読解も聴解もともに，「主張・内容」と，これを支持する「論拠・理由」を，箇条書き式にまとめられるように，頭の中で整理しながら理解するのがコツである。

　解答例 **A** ははじめに，The woman believes that the fee increase for meals may be justified—mainly for two reasons.「女性は，学食の値上げはやむを得ないとして，大きく2つの理由を挙げています」と述べて，女性が値上げ案を容認していること，及びその理由が2点あることを明言している。これらの理由は，To begin with と Moreover という2つのシグナルワードによって，順に説明されている。1点目は，彼女が「菜食主義者」であるため食べられるメニューが限られていること，2点目は彼女が「化学専攻生」で実験が多く，学食の提供時間に間に合わないこと，である。理由が2点であることは，最後の一文 That's another reason ...「これが…もう1つの理由です」によってさらに強調されている。

　解答例 **B** も，2人の会話から，女性の意見とその論拠がある程度，理解できていることを示す内容になっている。しかし，シグナルワードがないため，話の流れが見えず，また会話中の女性の主張がうまくまとめられていないため，何を言おうとしているのか分かりにくい部分が多い。さらに，会話の聞き取りやその説明が不十分なため，「菜食主義者用の食事が全くない」「実験が毎日ある」など，不正確なことを述べてしまっている。

③ 話し方

解答例 **A** は，落ち着いた一定のペースを保っており，また単語の発音やアクセント，イントネーションも正確なので，聞きやすく，分かりやすい。節と節の区切りや，シグナルワード前のポーズも，全体の構成を分かりやすく伝えるのに効果的である。

④ 文法・語彙

解答例 **A** は，多様な文構造と豊富な語彙・表現を効果的に使いこなしている。may be justified「正当化できる」，it's supposed to ...「…するはずだ」，At present「今（現在）は」などがその例である。また関係代名詞の非制限用法である , which will be good ... も高い文法力を表している。

解答例 **B** は，She don't, she have のような主語と助動詞・述語動詞の不一致など，基本的な文法の誤りが目立つ。It means ... It means ... と同じ表現ばかりを繰り返していることもマイナスである。

⑤ 分量

解答例 **A** は約 140 語と，過不足なく理想的である。解答例 **B** は約 90 語と，その 3 分の 2 程度しかなく，十分な情報量を含めて解答できていない。

パッセージの訳

遺伝子と人類の進化

　人間の持つ２つの遺伝子の突然変異が，人間の進化における飛躍的進歩をもたらしたようです。第一の遺伝子の突然変異は，およそ 50,000 年前，初期の人間が突然，一層高度な道具を使い始めたのとほぼ同じ時期に生じました。第二の突然変異はわずか 6,000 年ほど前に生じ，それからほどなくして，人類初の文字体系が，中近東で誕生しました。これら原始的な文字体系のおかげで，文字体系を使う諸民族は，記録をつけたり，より高度な方法で社会を組織化したりできるようになったのです。

スクリプト

Now, you need to read a short passage and listen to a talk related to that educational topic. Then, you will need to answer a question concerning these items. There will be 30 seconds of preparation time and 60 seconds for speaking.

Now read the passage about genetic influence on human intelligence. You will have 45 seconds to read the passage. Begin reading now.

Now listen to part of a lecture on this topic in a natural history class.

There appears to have been at least two instances when genetic changes significantly and sharply affected human development. The first was around 50,000 years ago. After that genetic change occurred, humans in a number of different areas, including Africa and Europe, began making much better stone tools. We find some of the first axes that had handles. We also find the first spear-throwers and even the first bows and arrows. Suddenly humans started making better tools and weapons. As a result, they were able to survive and spread. The next genetic change occurred much more recently, just 6,000 years ago, and soon after that writing systems began to emerge in Mesopotamia and Egypt. The early Sumerian writing system used pictorial representations; these were pressed into soft

CHAPTER 3　Speaking

clay and then hardened into tablets. The Egyptian writing system was more complex and called hieroglyphics. It was largely symbolic and it was often chiseled into hard stone. Once records began to be kept in Sumer and Egypt, the first civilizations emerged. In both cases, 50,000 years ago and 6,000 years ago, genes changed and changes in human behavior seemed to follow.

スクリプトの訳

それでは，短い文章を読み，その教育的トピックに関連した講義を聞いてください。その後で，両者に関する質問に答えてください。準備時間は 30 秒，話す時間は 60 秒です。

人間の知能に対する遺伝子の影響についての文章を読みなさい。文章を読む時間は 45 秒です。では，読み始めてください。

では，自然史の授業での，このトピックに関する講義の一部を聞いてください。

遺伝的な変化が，人類の進化に重大で急激な影響を与えた事態が，少なくとも 2 例あるようです。第一は 50,000 年ほど前です。この遺伝的変化が生じた後，アフリカとヨーロッパを含む様々な地域の人類が，ずっと優れた石器を作り始めたのです。人類史上初の柄付の斧のいくつかがあります。さらに，人類初の槍投げ器と初の弓矢まであります。人類は突然，より優れた道具や武器を作り始めたのです。その結果，人類は生き残り，繁栄できたのです。次の遺伝的変化はもっと最近，わずか 6,000 年前になって生じ，その直後に，メソポタミアとエジプトで，文字体系が出現し始めました。初期のシュメール人の文字体系は絵的な表記を用いました。これらは，柔らかい粘土に押しつけてから固めて平板状にされました。エジプト人の文字体系はより複雑で，ヒエログリフ（神聖文字）と呼ばれました。その多くは象徴で，しばしば石版に彫り込まれました。シュメールとエジプトで記録が残されるようになると，人類初の文明が出現しました。50,000 年前と 6,000 年前，そのどちらの場合でも，遺伝子が変化すると，人類の行動の変化がこれに続いたようでした。

設問訳 教授が考察した事例が，遺伝子の突然変異によって生じた人類進化上の 2 つの飛躍的進歩を，どのように例証しているか説明しなさい。

解答例 **A** 模範解答　🔊 **track 47**

The professor illustrates the two leaps in human development caused by genetic mutations with several examples. **❶** For the first **❷** genetic change 50,000 years ago, he says that human beings in Africa and in Europe **❸** began making better tools. In particular **❹**, they made axes with handles and they made spear-throwers. He also mentions the first bows and arrows appeared. He says these helped human beings to survive and reproduce **❺**. Second **❷**, to illustrate the genetic change 6,000 years ago, he uses the appearance of writing systems in Sumer and Egypt. He states that the Sumerians wrote on soft clay and that the Egyptians pounded their writing symbols into rock **❻**. As a result, he claims civilizations began to emerge.

CHAPTER 3 Speaking

➕ **プラス・ポイント**

❶ 問題の指示文を要約的に反復することで，問題趣旨の理解と，解答の内容を明示している。

❷ first … Second … というシグナルワードによって，講義と解答の構成がともに 2 部で対応していることを示している。

❸ 講義で挙げられた 2 つの地域を漏れなく，的確に指摘している。

❹ In particular という表現を用い，講義中の具体例（道具の形状）を正確にまとめている。

❺ 講義中の spread「繁栄する（広まる）」を文脈に即して reproduce「子孫を残す」と正しく言い換えている。

❻ 講義中の説明を正確に理解し，chiseled into hard stone「石版に彫り込まれ」を pounded … into rock「石に…刻んだ」と同義表現を用いて簡潔にまとめている。

訳 教授は，遺伝子の突然変異によって生じた，人類の進化における 2 つの大きな進歩を，いくつかの具体例によって説明しています。50,000 年前の第一の遺伝的変化に関しては，アフリカとヨーロッパの人類が，より優れた道具を作り始めた，と教授は述べています。具体的には，彼女ら・彼らは，柄付きの斧を作ったり，槍投げ器を作ったりしました。教授はまた，人類史上初の弓矢が出現したとも言及しています。教授は，これらによって人類は存続し，子孫を残せたのだと指摘しています。第二に，6,000 年前の遺伝的変化を説明するために，教授は，シュメールとエジプトでの文字体系の出現を例証としています。シュメール人は柔らかい粘土に文字を書き，エジプト人は石に文字を刻んだ，と教授は述べています。その結果，文明が誕生するようになったのだ，と教授は主張しています。

Mutations in two human genes appear to have led to huge leaps in human development.❶ About 50,000 years ago, there is❷ change. Human❸ began using tools. Professor says they use axes❹. This happen Africa❺. The second change mutation is❻ 6,000 years. This time people writing.❼ It's good❽ civilization. These the two examples.❾

> ⊖ マイナス・ポイント
>
> ❶ 冒頭の一文が，設問の趣旨からずれており，ストレートな応答になっていない。
>
> ❷ ... years ago のように明確な過去を表す表現がある文中では，is ではなく was と過去形を使うのが正しい。
>
> ❸ Human は可算名詞なので，Humans と複数形にするのが正しい。
>
> ❹ 時制は used と過去形にすべき。また axes は曖昧過ぎる。講義中では "axes that had handles" と限定されていた。
>
> ❺ 時制は happened と過去形にすべき。また講義中では Africa だけでなく，Europe への言及もあった。happened in Africa and Europe とすべき。
>
> ❻ The second change mutation ではなく，The second mutation とするのが正しい。また時制を was と過去形にし，... was 6,000 years ago. とすべき。
>
> ❼ 主語と述語動詞を持つ正しいセンテンスになっていない。The professor states that at this time people began writing. などとするのが正しい。
>
> ❽ 講義中では good「良い」のように善し悪しは判断されていない。
>
> ❾ まとめの一文を設けようとする意図は評価できるが，文になっておらず，また内容も不明瞭である。These are the examples discussed by the professor to illustrate the two leaps in human development caused by genetic mutations. などと言えれば理想的である。

訳 人間の2つの遺伝子における突然変異は，人類の進化に飛躍的進歩をもたらしたようです。50,000 年ほど前に，変化が生じます。人が道具を使い始めました。人類は斧を使う，と教授は言っています。これはアフリカ，起きます。第二の変化的な突然変異は，6,000 年です。このとき，人々，書いている。これは良い文明です。これら，この2例。

> ## 解答のポイント
> ① **応答性**：設問を正しく理解し，的を射た解答になっている。
> ② **論理展開**：論理の展開が明快で一貫しており，説得力がある。
> ③ **話し方**：発音・話し方が適切で，全体的に流暢である。
> ④ **文法・語彙**：文法・表現が正しく適切で，分かりやすい。
> ⑤ **分量**：与えられた解答時間に応じた，適切な長さである。

①②　応答性と論理展開

設問は，人類進化上の２つの大きな変化に関して，教授がどのような例証を挙げているか説明するよう求めている。よって，これらの２つの変化を明確に区別し，その内容を簡潔に要約するとともに，それぞれの具体例を正確に述べなければならない。

解答例 A はまず冒頭の一文で，この質問文の表現をほぼそのまま繰り返して，自身が設問のポイントを明確に理解しており，これから何について述べるつもりなのかを，聞き手（採点者）に対してしっかりとアピールしている。また，1）第一の遺伝的変化（50,000 年前）→高度な道具・武器（柄付き斧／槍投げ器／弓矢），2）第二の遺伝的変化（6,000 年前）→文字体系（メソポタミア／エジプト）という，講義全体の２部構成をそのまま反映する形で，解答を大きく２部に分けて構成している。そして，それぞれに関する，発生年代，発生地域，具体例，影響などに関する説明も過不足なく，かつ具体的で正確である。

これとは対照的に，解答例 B の１文目は，設問のポイントを押さえておらず，また続く応答が何についてなのかを明言していないので，内容が理解しにくい。解答例 B も２部構成を意識しており，２つの遺伝的変化の年代を正しく押さえてはいるものの，講義中で指摘された地域に漏れがあり，また道具や武器の説明が不十分で不正確である。講義中で説明されていた２種の文字の違いについては全く触れていないなど，講義の内容を十分に理解して，まとめた内容とは言えない。

③ **話し方**

解答例 **A** は，ペース，イントネーションのいずれも理想的，かつ，高い言語運用能力を持っていることを示している。発音やアクセントも正確なので，聞き手は理解に全くと言ってよいほどストレスを感じない。

④ **文法・語彙**

解答例 **A** は，主語と述語の対応，名詞の可算・不可算の区別，冠詞 a と the の使い分け，動詞の時制など，細部に至るまで，文法・語法的に正確な英語を話している。語彙や表現は，基本的には講義中の表現や語彙をそのまま用いているが，同義表現による言い換えも所々見られ，高い語彙力を感じさせる。

解答例 **B** は，動詞の時制が，ほとんど全文において誤っており，文法の基本に問題があることが否めない。主語と述語動詞を欠いた，文になっていない単語の羅列が目立つのも問題である。

⑤ **分量**

解答例 **A** は約 120 語と，過不足なく理想的である。解答例 **B** は約 50 語と，その半分以下で，十分な情報量を含めて解答できていない。

Now, you need to listen to a segment of a lecture. Then, you will need to answer a question concerning it. There will be 20 seconds of preparation time and 60 seconds for speaking.

Now listen to part of a lecture in a business class.

Business classes typically focus on topics like marketing, product development, and financial management. Today I'd like to discuss something equally as important: leadership qualities. In other words, two characteristics you as a future business executive should have in order to make your company successful. One, continually improve yourself, and two, be decisive.

To begin with, the most important asset is who you are, and who you are becoming. Model yourself after the best business executives you can find. Carefully choose whom to admire and then imitate them. For example, if you're an inventor or entrepreneur, read about other inventors and entrepreneurs—Thomas Edison or Elon Musk—what principles they used to guide them, what challenges they faced, how they overcame them. Another way to improve yourself is to sharpen your skills. Warren Buffet, one of the most successful investors in history, says, and I quote, "One easy way to become worth 50 percent more than you are now is to sharpen your communication skills—both written and verbal." As Buffet emphasizes, writing and speaking skills are extremely valuable within a company in communicating with co-workers, and equally so outside the company in reaching customers and investors.

The second important leadership quality is to be decisive. The business environment is very competitive and if you don't take action someone else will. Innovativeness is the key to a strong business. If you think a new product should be developed—a different device or a consumer product—develop it. If you feel an investment will pay off, then make that investment.

それでは，講義の一部を聞いてください。その後で，それに関する質問に答えてください。準備時間は 20 秒，話す時間は 60 秒です。

では，ビジネスのクラスの講義の一部を聞きなさい。

　ビジネスのクラスではたいてい，マーケティング，製品開発，財務管理などのトピックに焦点が当てられます。本日は（これらと）同じくらい大切なこと，リーダーの資質についてお話ししたいと思います。言い換えれば，皆さんが未来のビジネス・エグゼクティヴとして，自分の会社を成功させるために備えておくべき 2 つの資質についてです。第一は，絶え間ない自己研鑽，そして第二は，決断力です。

　まずはじめに，いちばん大切なアセットは，自分自身であり，どんな自分自身になるか，ということです。見つけ得る最高のビジネス・エグゼクティヴを自らのお手本としてください。尊敬すべきは誰なのか慎重に選んで，その人たちをまねるのです。例えば，あなたが発明家や起業家なら，他の発明家や起業家たちついて読んで（＝調べて）みましょう。トーマス・エジソンやイーロン・マスクなどです。こうした人たちがどのようなプリンシプル（＝主義，行動原理）を用いて自らの指針としたのか，どんな困難に直面したのか，それをどうやって乗り越えたのか。自己研鑽のもう 1 つの方法は，持っているスキルに磨きをかけることです。ウォーレン・バフェットは史上最も成功した投資家の 1 人ですが，こんなことを言っているので引用します。「今の自分の価値を 50% アップする 1 つの簡単な方法は，文章力と会話力，両方のコミュニケーション・スキルを磨くことです」。バフェットも強調しているように，書くスキルと話すスキルは，社内で同僚とコミュニケーションするのにも，社外で顧客や投資家に訴求するためにも，同じように極めて重要です。

　2 つ目に大切なリーダーの資質は決断力です。ビジネス環境はとても競争的ですから，自分がアクションを起こさなければ，誰かに先を越されてしまいます。革新性こそが強いビジネスへの鍵だということです。何か新製品を開発すべきだと思うなら，新しい機器でも一般市場向けの商品でも，（すぐに）開発すべきです。ある投資にリターンが見込めそうなら，（すぐに）投資すべきです。

設問訳　講義中の論点や事例を用いて，教授が論じているリーダーの特質が，なぜビジネスにおいて重要なのか説明しなさい。

According to the professor, there are <u>two leadership qualities</u>❶ that are important for business success. <u>The first</u>❷ one is improving yourself. The professor <u>suggests</u>❺ choosing good models to follow. This means business leaders that you admire, <u>such as</u>❸ Elon Musk. <u>For example</u>❸, read about them, learn about their principles, try to emulate them. <u>Also</u>❹, the professor <u>says</u>❺ that improving your communication skills, like your writing and speaking abilities, is really valuable. <u>Second</u>❷, the professor <u>emphasizes</u>❺ it's important to "take action" and not to wait. She says if you have an idea for a new product, <u>like</u>❸ a device, make it. <u>Most importantly</u>❹, the professor <u>believes</u>❺ being innovative is the key to good business leadership. <u>So, all in all,</u>❻ these are <u>the two leadership qualities</u>❶ the professor <u>stresses</u>❺.

➕ **プラス・ポイント**

❶ 結論を最後だけではなく冒頭にも示し，かつ論点が 2 点であることを明示している。

❷ The first, Second というシグナルワードによって構成を明確にしている。

❸ such as, For example, like … と具体例を表す表現を用い，講義中で教授が挙げている事例等を的確にまとめている。

❹ Also, Most importantly と情報の追加・列挙を表す表現で，講義の流れを分かりやすくまとめている。

❺ 同じ the professor を主語にしながらも述語動詞を suggests, says, emphasizes, believes, stresses と類義語などで言い換えて単調にならないように工夫しており，語彙の豊富さを感じさせている。

❻ So, all in all, で締めくくりの発話であることを明示し，冒頭で示した結論に再言及することで，解答全体の論旨を明確にしている。

訳 教授によれば，ビジネスの成功に重要なリーダーの資質は 2 つあります。第一は自己研鑽です。良い手本となる人を選んでまねるよう，教授は勧めています。イーロン・マスクなど，自分が尊敬するビジネス・リーダーのことです。例えば，こうした人について読んだり，そのプリンシプル（＝主義，行動原理）について学んだり，それに倣おうとしたりするなどです。また教授は，書いたり話したりする能力といったコミュニケーション・スキルを向上させるのも，とても役立つと述べています。第二に，教授が力説しているのは「アクションを起こすこと」と待たないことの重要性です。例えば端末機器など，新商品のアイディアがあるなら，それを作るべきだと言っています。いちばん大切なのは，教授の考えによれば，革新的であることがビジネスでの良きリーダーシップの鍵となるということです。ですから，全体的に見て，これら 2 つが教授が強調しているリーダーの資質です。

CHAPTER **3** Speaking

First❶, we need model❷ to learn from. Good leader❷ makes good model❷ for us. We should read about someone who is good leadership❸. Also❶, we need to develop our skills for communicate❹. We need good writing skill and speaking❺. We must communicate with customer❷ and inside company, too. Finally❶, good leader❷ don't wait❻ to act. These quality is❻ necessary to have good leadership. This is❼ important in business.

➖ マイナス・ポイント

❶ First, Also, Finally とシグナルワードを用いており，一定の内容理解と構成への意識があることは認められる。しかし論点の数が冒頭に明示されていないので，解答の構成が分かりにくい。また各論点に関して，設問が求めている講義中の具体例が含まれていない。

❷ model, leader, customer など単数の可算名詞が無冠詞で使われている。a leader または leaders などとすべき。

❸ someone who is good leadership は直訳すれば「良いリーダーシップである誰か」で内容的におかしい。「リーダーシップがある人」は someone who has good leadership qualities または someone with good leadership skills などとすべき。

❹ for は前置詞なので，続く語は名詞でなければならない。よって文法的に正しいのは for communication である。

❺ 等位接続詞 and の前後は並行（パラレル）でなければならない。よって正しくは good writing and speaking skills である。

❻ good leader—don't, These quality—is はともに主語−述語動詞が対応していない。各々 a good leader does not, These qualities are が正しい。

❼ 内容上，複数であるべきなので These are でなければならない。

🈯 第一に，私たちには学ぶべきモデルが要ります。良いリーダーは私たちにとって良きモデルになります。私たちは誰か良いリーダーシップの人について読むべきです。それからコミュニケートのスキルも磨かねばなりません。上手な書き方と話すのが必要です。顧客とも社内でもコミュニケートしなくてはなりません。最後に，良いリーダー行動待ちません。こういった資質が良いリーダーシップを持つには必要。これがビジネスで重要です。

解 説

解答のポイント

① **応答性**：設問を正しく理解し，的を射た解答になっている。
② **論理展開**：論理の展開が明快で一貫しており，説得力がある。
③ **話し方**：発音・話し方が適切で，全体的に流暢である。
④ **文法・語彙**：文法・表現が正しく適切で，分かりやすい。
⑤ **分量**：与えられた解答時間に応じた，適切な長さである。

①② 応答性と論理展開

この設問が求めているのは講義内容の「要約」である。しかし内容をただか いつまむのではなく，講義の構成と展開を把握し，その流れに従って解答を 述べなければならない。その意味では講義をほぼそのまま縮小したものなの で「縮訳」と言ってもよいだろう。また指示文には Using points and examples from the lecture「講義中の論点や事例を用いて」とあるので，必 ず講義中の具体例を含めること。points and examples といずれも複数形で あることに留意。

講義は ① 導入部（イントロダクション）→ ② 論点1 → ③ 論点2と，全体 で3段構成から成る。解答例 **A** は段落数は1段だが，その内容構成は，1 文目が講義の導入部の，The first 以下が論点1の，Second 以降が論点2の 要約であり，講義の構成をそのまま保持して3段構成になっている。また講 義中で各論点を支持するために用いられている具体例を such as ... や For example, like ... といった具体例を導く表現で明示し，Elon Musk のように 固有名詞も含めている。さらに最後に So, all in all, 以下，もう一度冒頭の発 話を繰り返すことで，解答の内容を簡潔にまとめ直して締めくくっている。

解答例 **B** も First, Also, Finally とシグナルワードを用いて解答しており，講 義内容の構成と流れをある程度，理解できたことを示してはいる。しかし冒 頭で解答内容を要約的に明示していないので，講義の主題も，論点の数も， きちんと理解できたことをアピールできていない。また講義中の指摘はおお むねつかめている様子ではあるが，具体例がほとんど含まれておらず，設問 の指示に従っているとは言い難い。

③ **話し方**

解答例 **A** は，発音は明瞭，イントネーションも自然であり，何よりも落ち着いたペースで話されているので，聞き取りが容易である。またアーやエーといった不要なフィラー（間を埋める表現）が全くなく，理路整然とした印象を強めている。

④ **文法・語彙**

解答例 **A** の語彙のレベルは講義とほぼ同じであり，平明で簡潔明瞭な表現を用いている。しかし講義の表現をただ反復するのではなく，imitate を類義語の emulate で言い換えたり，まとめの発話を導入するのに，講義中にはない all in all という表現を用いたりと，語彙の豊富さを感じさせる。また冠詞（a, the）の使い方，主語と述語動詞の呼応（S-V agreement）もすべて正しく，文法の基本が骨肉化しており，スピーキングにおいても，自然と正しい話し方ができている。

他方，解答例 **B** は単数形の可算名詞がすべて無冠詞だったり，主語と述語動詞が一致していなかったりと，文法の基本が理解できていないこと，あるいは頭では分かっていても，実際のスピーキングで自然と使いこなせるレベルにまで定着していないことが露呈してしまっている。また good という同じ形容詞を6回も繰り返していることも，語彙力が不足している印象を与えてしまっている。冠詞の使い分けや主述の呼応は，スピーキングに先立って，まずリーディングにおいて精読に留意し，次にライティングにおいて意識することで，学習するのが正攻法である。

⑤ **分量**

解答例 **A** は約130語と，過不足なく理想的である。解答例 **B** は約70語しかなく，解答時間を有効に使い切れていない。

Writing Section 解答解説

▶問題　p. 70〜73

スクリプト　　🔊 track 42

Now, you need to read a short passage and listen to a talk related to that educational topic. Then, you will need to reply to a question concerning these items.

スクリプトの訳

では，短いパッセージを読み，その教育的トピックに関連する講義を聞きなさい。それから，それらに関する質問に答えなさい。

Integrated task

パッセージの訳

　ピュー・リサーチ・センターによれば，インターネットは授業の内容や資料や教材の入手方法に大きく影響している，と 92 パーセントの教員が回答している。この 10 年間，テクノロジーのおかげで教育と学習はともに大きく進歩した。

　なぜなら第一に，テクノロジーは費用対効果が高く，従来の教材に取って代わり得るからだ。毎年毎年，高額の同じ教科書のために出費せずとも，教室内でノートパソコンやタブレットを使えば，適度な費用で，学生は幅広い教材を即座に入手できる。学校が予算削減の圧力を受けている折，教師もまたオンラインの情報源を使うことで，個々の学生に配布する教材のコピー費用を大幅に節減できる。

　教室内でのテクノロジー（活用）のもう 1 つの大きなメリットは，学生間のコラボレーション（＝共同作業・研究）に新たな可能性が開かれることである。共有された文書ファイルに，学生らがリアルタイムで一緒に取り組むのも容易である。学生らがグループになって互いに隣り合わせに座ったり，同じ教室にいたりする必要すらない。学生らは共同して書いたり，映像作品を共作したり，ビデオやテキストメッセージや電子メールを使ってオンラインで連絡を取り合ったりできる。これによってクラス内の連携はより密になり，学習経験もより良くなる。

　教室でのテクノロジー利用の 3 つ目のメリットは，学習がより魅力的に，より自律的になることで，学生の集中力が上がることだ。学生はオンラインでも違和感がなく，ウェブサイトへのアクセスや，各種メディアの利用にも慣れている。学生は自分のペースで学習を進め，インターネット上の複数の資料を容易に利用できる。これと，学生が一人きりで 1 ページずつ読み進めなければならない従来型の教科書を比べてみ

るがよい（＝比べてみても，比較にならない）。また学生がその場に着席し，最初から最後まで一定の時間耳を傾けねばならない（従来型の）講義と比べるとよい（＝どちらに利があるかは明らかであろう）。

スクリプト　🔊 **track 43**

Now listen to part of a lecture on the topic you just read about.

In recent years quite a bit of attention has been paid to technology in the classroom. I admit that technology has made some positive contributions to the classroom, but a careful examination of pro-technology claims reveals that some are exaggerated, and some are quite questionable.

To begin, claims have been made about cost savings on textbooks and reduction of paper use. But what about the cost of devices? Laptops are expensive. If every student needs one it adds up to a lot of money. Moreover, laptops and tablets can be lost or stolen; that means replacement costs. Or they can break, which means repair costs. So the contention that technology lowers the cost of classroom materials seems doubtful at best.

Another claim is that technology creates new possibilities for students to work together. But does this really hold up to scrutiny? When students collaborate online they are looking at their own individual screens. It's true they can work on documents together, or create shared videos. But in doing so they often lose the face-to-face interaction so important in a learning community. People connected online are seldom an actual group growing and learning together. In fact, a lot of research shows that technology can be very isolating. This can result in loneliness and depression.

A third benefit of technology in the classroom, it's often said, is that it makes learning more stimulating and self-directed. Some technology advocates even claim it helps students focus. This seems really questionable to me. Computers, tablets, and phones provide students with instant access to messaging and social media—a continual temptation to communicate with whomever they like or visit whatever sites they like. It's impossible to monitor what they are doing. In fact, many professors now ban computers in the classroom because research shows that students with devices don't pay attention to lectures, are often distracted by social media and messaging, and don't learn as much.

スクリプトの訳

それでは，いま読んだトピックについての講義の一部を聞きなさい。

近年，教室でのテクノロジー（活用）に大きな注目が集まっています。テクノロジーが教室にいくつか優れた改善をもたらしたことを認めるのは，私もやぶさかではありません。しかしながら，テクノロジー推進派の主張を綿密に検討してみると，主張の一部が誇張されていたり，かなり疑わしかったりすることが分かります。

まず，教科書にかかる費用の削減や，紙資源の節約が謳われてきたわけですが，端末機器類にかかる費用はどうなのでしょうか。ノートパソコンは高額です。全学生に1人1台ノートパソコンが必要となると，全部でかなりの金額になります。さらにはノートパソコンやタブレット端末には紛失や盗難の可能性があります。ということは補充の費用も見込まねばならないということです。あるいは故障することもありますから，修理費もかかります。ですから，テクノロジーが授業教材の費用を削減するという主張は，良く言っても，疑わしいといったところです。

第二の主張は，テクノロジーによって，学生たちが一緒に学ぶ新たな機会が生み出されるというものです。しかしこの主張，本当に精査に耐え得るものでしょうか？ 学生がオンラインで共同作業（＝コラボ）しているとされるとき，（実際に）見つめているのは自分の（コンピュータの）画面なのです。確かに，文書ファイルを一緒に作成したり，動画を共作したりはできるでしょう。ですが，そうしながらも（＝オンラインの共同学習では），学習共同体において極めて重要な対面でのやりとりは，往々にして失われてしまっているのです。オンラインでつながった人々が，ともに成長し学ぶような現実のグループであることはめったにありません。実際，多くの研究で明らかになっているのは，テクノロジーは孤立化を招きかねないということです。そのせいで孤独感や気分の落ち込みが生じることもあります。

教室でのテクノロジー（活用）の第三のメリットは，学習がもっと刺激的で自律的になることだ，とよく言われます。テクノロジー推奨派の中には，学生の集中力が高まると主張する人まででいます。私には，これは大変に疑わしく思われます。コンピュータやタブレット端末や（携帯）電話があると，学生はすぐにメッセージのやりとりやソーシャル・メディアにアクセスできてしまうわけで，誰にでも自由に連絡できたり，どんなサイトでも自由に覗けたりするのは，絶え間ない誘惑です。学生たちが（端末を使って実際に）何をしているのか（教師の側が）監視するのは不可能です。事実，今では，多くの教授が教室でのコンピュータ（使用）を禁止するようになっています。というのも，各種端末があると，学生たちは講義に集中せず，たいていソーシャル・メディアやメッセージで気が散り，あまり学習しなくなることが研究で明らかになっているからです。

設問訳 指示：解答を準備して書く時間は 20 分あります。あなたの解答はライティングの質と，講義の論点およびその短いパッセージとの関連を扱う能力に基づいて採点されます。推奨される長さは約 150-225 語です。

質問：講義で指摘された諸論点を要約しなさい。その際，それらの諸論点が，短いパッセージで述べられた具体的な諸論点に対して，どのように疑義を呈しているか明確に説明するよう留意のこと。

解答例 A 模範解答

According to the passage[1], technology in the classroom has improved teaching and learning in specific ways. However, the points made by the lecturer[1] refute[2] each of the claims made in the reading.

First of all[3], the passage argues that technology has lowered classroom costs. However[4], the lecturer points out[5] that computers are expensive to purchase. Moreover[4], they can be lost or broken, which results in further costs. If they break, there are repair costs to pay. Therefore[4], the lecturer argues[5] that technology in the classroom increases rather than reduces the cost of classroom teaching.

Second[3], the reading claims[5] that technology helps students collaborate. The lecturer counters[2] this point by arguing that the loss of face-to-face interaction reduces connection. He claims[5] that students working together online do not really form learning communities. He also[4] emphasizes[5] that research shows that students communicating online through screens can feel isolated, lonely, and depressed.

Last of all[3], the reading argues[5] that technology makes learning more interesting and helps students focus. The lecturer strongly disputes[2] this point. He points out[5] that when students have devices in the classroom, they often use social media and messaging rather than focusing on what they are supposed to be doing. In fact, they often do not pay attention, are distracted, and they learn less. He observes[5] that is the reason why many professors no longer allow devices in the classroom.

➕ プラス・ポイント

❶ 導入（イントロダクション）の段落を設け，設問の指示内容をきちんと理解していることを示すとともに，以下にパッセージとレクチャーの主張内容の相違を順次，対比対照する旨を明言している。

❷ refute, counters, disputes と対論を表す類義の動詞を複数用いており，語彙力の高さを感じさせる。

❸ First of all, Second, Last of all とシグナルワードで論の流れを明快に示している。

❹ However, Moreover, Therefore, also などのシグナルワードで比較対照，情報の追加，論理的な帰結など，各文の位置付けを明快に示している。

❺ 主張を表す動詞を points out, argues, claims, emphasizes, observes など複数用いており，語彙力の高さを感じさせる。

訳　パッセージによれば，教室でのテクノロジー（活用）は，いくつかの具体的な面で，授業と学習を改善したということであった。しかし講義者による論点は，この読解パッセージの主張のひとつひとつを反駁している。

　まず第一に，パッセージによれば，テクノロジーは教室の費用を下げたとのことであった。しかし講義者は，コンピュータの購入費用は高額であることを指摘している。さらに紛失や破損によって，さらなる費用が発生しかねない。故障すれば修理費が必要になる。それゆえ講義者は，教室でのテクノロジー（活用）は授業の費用を削減するより，むしろ増加させると主張している。

　第二に，パッセージによれば，テクノロジーによって学生のコラボレーションが促進されるとのことであった。この論点に対して，講義者は，対面でのやりとりがないと（学生間の）つながりが減ると述べて反論している。彼が主張するには，学生がオンラインで一緒に作業するだけでは，学習共同体は本当に形成されはしない。また彼が強調するのは，オンラインの画面越しでのコミュニケーションだと，学生は孤立感や孤独感や気分の落ち込みを感じかねないことが研究によって明らかになっている，ということである。

　最後に，パッセージによれば，テクノロジーによって学習はより面白くなり，学生の集中力も上がる，ということであったが，この論点について，講義者は強く異議を申し立てている。彼の指摘によれば，教室で各種端末を持っていると，学生は頻繁にソーシャル・メディアやメッセージのやりとりをするようになり，（教室で）本来やるべきことをやらなくなる。実際のところ，学生は往々にして集中せず，気が散るようになり，あまり学ばなくなる。多くの教授が教室での各種端末（使用）を認めなくなっているのも，これが理由であると彼は述べている。

✗ 解答例　B　問題のある解答

Lecture ❸ cast ❷ doubt on points made in the reading passage. Reading says technology is good for teaching and learning. But lecture disagree ❷ with that. ❶

Reading says cost is lower, because do not need ❹ to buy expensive textbook ❸. But lecture says cost of computer ❸ is more expensive ❺.

And❶ if computer stole or lost❻, people spend big money. Then❶ reading says it easier students can work together and collaborate online. But❶ lecture says that people cannot meet together. They feel lonely, maybe depression❼. Last❶, a reading claims students can get much information using Internet on computer❸. They control own learning pace. Lecture says opposite. Students maybe use Internet to chat with friends, not pay attention to teacher. So❶, some teacher does not❷ let student use computer in class.

⊖ マイナス・ポイント

以下，誤りや不適切な点のうちいくつかを取り上げる。

❶ 導入の段落を設け，設問の求めに応答して，リーディングとレクチャーの論点を比較しようと意図していることは，おおむね理解できるが，内容が漠然としており不明瞭。また And, Then, But, Last, So などで論の流れを示そうとしているが，十分に明快であるとは言えず，具体例も含まれていない。

❷ Lecture cast, lecture disagree 等々，動詞に三人称単数の -s がなく，主述が呼応していない箇所が目立つ。some teacher does not も some teachers do not でなければならない。

❸ lecture, textbook, computer など可算名詞の単数形が無冠詞で使われている箇所が多数ある。再言及なら the lecture のように定冠詞，総称的なら computers や textbooks のように複数形でなければならない。

❹ because が導く従属節の主語が欠落している。

❺ cost が「高い」は expensive ではなく high を用いるのが正しい。

❻ 内容上，get stolen or lost のように受動態にすべき。

❼ lonely という形容詞と並列するには and depressed と等位接続詞でつないで過去分詞（分詞形容詞）を用いるべき。

訳　講義は読解パッセージの諸論点に疑義を呈している。読解によれば，テクノロジーは授業と学習にとって良い。しかし講義はこれに反対だ。

読解によれば，費用はより安い，というのも高価な教科書を買わなくてもよいからだ。しかし講義によれば，コンピュータの費用はもっと高価だ。そしてもしコンピュータが盗まれたりなくなったりしたら，人々は大金を費やす。それからパッセージによれば，学生が一緒に勉強しオンラインでコラボするのはより易しい。しかし講義が言うには，人々が一緒に会うことはできない。人々は寂しく感じ，たぶん，気分の落ち込み。最後に，読解によれば，コンピュータでインターネットを使えば，学生はたくさん情報が手に入る。学生たちは学習ペースをコントロールする。講義は反対を言っている。学生たちはたぶん，インターネットを使って友達とチャットして，先生に注目しない。だから，一部の先生は学生に授業でコンピュータを使わせない。

解　説

解答のポイント

① **応答性**：設問に対応しており，焦点がずれていないこと。

② **論理展開**：論理的に構成されており，明快であること。

③ **文法・語彙**：文法・語法的に正しく，かつ語彙・表現が豊かであること。

④ **分量**：適切な語数であること。

① 応答性

講義の内容がどのように課題文の内容に批判的に対応しているかを整理・要約する。教育テクノロジー利用をめぐって，慎重・懐疑派の講義の主張3点が，課題文の擁護・推進派の論拠3点と順次対応していることを押さえなければならない。解答例 **A** は導入部（イントロダクション）の段落を設けて，設問が指示している課題文と講義の対論性を理解していることを明示し，3段構成の本論では，講義の3点の批判とその具体的な論拠も過不足なくまとめている。解答例 **B** も課題文と講義を比較対照しようとはしているものの，講義の具体的な論拠を十分に押さえているとは言えない。

② 論理展開

解答例 **A** は課題文と講義の各々の3段構成を正確に把握し，この構成をそのまま保持して First of all, Second, Last of all と分かりやすく列挙している。また However, Moreover, Therefore, also などの表現で各文の位置付けを明確にし，論述を分かりやすく展開している。解答例 **B** でも，Then や Last などの表現に同じような意識は垣間見られるものの，論述の構成と流れを十分に明らかにしているとは言い難い。また講義中の具体的内容がほとんど含まれていない。

③ 文法・語彙

解答例 **A** は課題文と講義の語彙レベルをほぼそのまま維持しており，また簡潔明瞭な表現と構文で論述されている。再言及を表す定冠詞 the や総称の複数形など，基本的な語法もすべて正確である。解答例 **B** は可算／不可算名詞の区別ができておらず，冠詞の欠落や，主語と述語動詞の不一致などが散見される。また単文の割合が高く，論調がたどたどしい。

④ 分量

解答例 **A** は約230語と，過不足なく理想的である。解答例 **B** は約130語しかなく，解答時間を有効に使い切れていない。

設問訳 指示：あなたは授業を受けていて，教授が都市計画について話している。メッセージの投稿により教授の質問に答える必要がある。投稿では，裏付けとともに自分の意見を述べ，自身の考えを使って議論に付け加える必要がある。推奨される長さは最低100語である。

ディスカッションの訳

スペンサー教授

今日は都市部の交通網，具体的には一般道路や幹線道路について考察しましょう。皆さんもご存じのように，市や町の交通予算には限りがあるので，都市計画の担当者らは時に難しい選択を迫られます。環境に優しいSDGs，すなわち持続可能な開発目標に沿うようにというプレッシャーがある場合などは特にです。皆さんの意見はどうでしょうか。投入可能な資金は主に，自家用車のため一般道路や幹線道路の改善に費やされるべきでしょうか，それともバスや地下鉄のため公共交通網の整備に充てる方がいいでしょうか。なぜそのように考えるのか説明してください。

ジェフリー

さらに道路を建設などしたら，人々はますます自家用車を使うようになるだけです。環境のためには，道路を走る車は減らすべきであり，増やしてはなりません。もし公共交通，例えばバスや地下鉄が便利で料金が手頃なら，人々は市街であちこち移動するための主たる手段として，喜んで使うようになるでしょう。ですから，公共交通網の拡充は投入可能な資金を使う上で最優先事項であるべきです。

アリス

ジェフリーがまさに示唆したように，現在，公共交通はあまり便利ではありません。1世紀以上にわたって自動車がこんなに人気があるのには理由があります。あちこち移動するには自家用車を使う方がはるかに簡単なのです。公共交通機関が使えたとしても，人々は運転する方を好むでしょう。ですから，新しい道路を建設し，既存の道路をよりしっかりと維持管理して，運転をさらにもっと便利で快適なものにしましょう。

解答例 A 模範解答

　In my opinion[1], transportation budgets should prioritize the construction and improvement of roads and related infrastructure, like bridges. Creating public transportation networks is expensive[2]. And, as Alice points out[3], people love their cars[2]. That's true for me, too. So, if people continue to prefer to drive by themselves, even when they have the option of using public transportation, it's clear that public transportation networks will not be cost effective. Furthermore❹, proponents of public transportation claim that it helps reduce pollution. But❹ that shouldn't be an issue, since❹ gasoline-powered vehicles are being replaced with non-polluting electric vehicles. Therefore, it's best❺ to fix and maintain❺ roads and infrastructure to support the use of these environmentally friendly vehicles.

> **➕ プラス・ポイント**
> ❶ In my opinion, ... で，問いに対する自分の見解を冒頭の一文で明示している。
> ❷ 教授の指示に応じて，... expensive ... people love their cars と前掲の自説を支持する論拠2点を列挙している。
> ❸ as Alice points out でディスカッションの内容を的確に踏まえ，自説を論拠づけるのに援用している。
> ❹ 接続副詞の Furthermore で論点の追加を明示し，異論の内容を紹介した上で But 以下に自説を述べ，さらに since 以下でその論拠を明示している。つまり「異論への譲歩」（確かに〜かもしれない）→「論駁＝自説」（だが〜である）→「その論拠」（なぜなら〜だからだ）という議論の流れが明快である。
> ❺ 接続副詞 Therefore で結論部であることを明示の上，it's best 以下，冒頭で述べた自説を再度，繰り返して強調している。また the construction and improvement を fix and maintain と言い換えるなど，表現の重複を避けて語彙力をアピールしている。

訳　私の見解では，交通予算は道路および橋梁など関連インフラの建設と改良を優先すべきです。公共交通網を一から作るには多額の資金が必要です。それに，アリスも指摘しているように，人々は自分の車が大好きなのです。私もその一人です。したがって，公共交通を利用する選択肢があっても，もし人々が引き続き自分で運転したがるとすれば，公共交通網では費用対効果が見込めないのは明らかです。さらに，公共交通の支持者らは，汚染の減少に有効だと主張しますが，これはもはや問題にはなりません。というのも，ガソリン駆動の自動車は，汚染を生じない電気自動車に取って代わられつつあるからです。ですから，こうした環境に優しい自動車の利用を支援すべく，道路やインフラを修繕し維持するのが最善の策です。

✕ 解答例 B 問題のある解答

I agree with the❶ Jeffrey's point that public transportation is important❶. If we make it more easier❷ to use, people will use it. Pollution❸ from cars damage❸ the environment. Making❹ public transportation give^❹ people an alternative to drive^❹ their cars. And if people take a train or bus <u>they doesn't</u>^❺ <u>need worry</u>^❺ about parking their cars. In many cities, <u>find</u>^❻ parking space <u>is</u>^❻ difficult. <u>That's why I think</u>^❼ we should use <u>money</u>^❼ to support public <u>transportations</u>^❼.

⊖ マイナス・ポイント

❶ 冒頭で自分の見解を明示しているのは評価できる。しかし Jeffrey は公共交通を道路網より優先すべきと指摘しているのであり，単に important とは述べていない。また the は不要。定冠詞は所有格と一緒には用いない。

❷ more easier は比較級の表現として誤り。more を削除し easier のみとするのが正しい。

❸ Pollution ... damage は主語と述語が正しく呼応していない。Pollution は不可算名詞なので単数扱い。よって述語動詞には三人称単数の -s を付して damages とするのが正しい。

❹ Making ... give は主語と述語が正しく呼応していない。動名詞の Making は単数扱いなので，述語動詞には三人称単数の -s を付して gives とするのが正しい。また，an alternative to の to は前置詞なので，あとには名詞が続く。drive ではなく動名詞 driving が正しい。

❺ they doesn't は主語と述語が正しく呼応していない。正しくは they don't である。また，need worry は need to worry とする方がより自然。

❻ find ... is は主語と述語が正しく呼応していない。find は動詞形であり，このままでは主語にできないので，finding と動名詞にするのが正しい。

❼ That's why I think ... と最後の一文で自説を繰り返し，結論を明示しようとしているのは評価できる。だが不可算名詞の transportation に複数形の -s を付しては，基本的な文法知識が疑われてしまう。また money では曖昧過ぎるので，the transportation budgets や the limited budgets とすべき。

訳 　私は，公共交通が重要だというジェフリーの意見に賛成です。もっと使いやすくすれば，人々はそれを使うでしょう。自動車から出る汚染が環境を損ないます。公共交通を作ることは人々に自家用車を運転することに代わる選択肢を与えます。そしてもし人々が電車やバスに乗れば，自動車の駐車を気にする必要もなくなります。多くの都市では，駐車場を見つけるのは困難です。そういう訳で私は公共交通の整備にお金を使うべきだと思います。

解　説

解答のポイント

1 **応答性**：設問に対応しており，焦点がずれていないこと。

2 **論理展開**：論理的に構成されており，明快であること。

3 **文法・語彙**：文法・語法的に正しく，かつ語彙・表現が豊かであること。

4 **分量**：適切な語数であること。

① **応答性**

参加者（発話者）が複数名いるディスカッション形式の問題でも，いちばん大切なことは，設問の指示を明確に理解し，ストレートに応答すること。この設問では教授は ①「あなたの意見（＊一般論や第三者の意見ではなく）」(What is your opinion?) ② A と B のどちらか（[A] upgrading roads and highways for private cars, or [B] developing public transportation networks for buses or subways）③選択の理由（Explain why you think so.）の３点を求めている。よってディスカッションで発言（投稿・書き込み）する際には，まず自分が A or B のいずれを選択するかを明言し，続けてその選択の理由を述べる，という順番に従うこと。日本語式に「〜のようだし，〜もそう言っているし，〜と聞いたことがあるので，A にも B にもそれぞれ良い点がある気がします」のように，最後まで聞かないと結論が分からない解答や，自説が明確でない解答は望ましくない。もちろん，教授の指示を無視して，自分で勝手に A と B とは異なる選択肢（例えば「交通予算を増やせばよい」や「バスや自家用車より徒歩を推奨すべき」など）を持ち出すことも避けた方がよい（実際のディスカッションではこのような論法もあり得るが，TOEFL では控えるべき）。さらにディスカッション形式では，他者の発言も踏まえて，自説と同じ発言は肯定的に引用し，異なる発言はこれを批判することによって，自説をより明確にするのが望ましい。先行する他者の発言を聞き（読み）流し，ただ自説を一方的に述べるだけでは，ディスカッションに建設的に参加していることにはならない。

② **論理展開**

上述したように，まずは自説を明示し，その上で理由を列挙のこと。解答に先立って，他の学生の発言（投稿）の論理展開を確認の上，これを１つの解答の「型」（フォーマット）として参考にするとよい。Jeffrey も Alice もともに，まず冒頭で自身の選択を明確にし，続いてその根拠を述べ，最後にいま一度自身の選択を繰り返すことで自説をより明確にしている。また結論の導入に際して，Jeffrey は Consequently，Alice は So, という接続表現を効果的に用いている。

解答例 **Ⓐ** は，先行する Jeffrey と Alice の発言と同じく，①自説＝結論の提示→②論拠の列挙→③自説＝結論の再言及の流れに従っている。またこの論理の流れは，in my opinion, And, So, Furthermore, But, since, Therefore など各種の接続表現によって，聞き手（読み手）が明瞭に理解できる形で展開されている。さらに，Alice が Jeffrey accurately implies ... と Jeffrey の意

見にも言及しているように，解答例 **A** も as Alice points out ... とアリスの発言を踏まえて自説を述べている。それゆえ他の発話者の意見にも耳を傾け，その内容を理解した上で，ディスカッションに建設的に貢献しようとする姿勢が明確である。

その意味では解答例 **B** も冒頭で Jeffrey の発言に言及し，ディスカッションに参加しようとしている姿勢は評価できる。また Pollution「（大気）汚染」という新たな視点を提示していることも，それ自体は悪くはない。ただし文法の誤りが目立つ上，接続表現が効果的に用いられていないので，論理の流れが不明瞭でつかみにくい。それゆえせっかく結論部で That's why ... と自説をまとめようとしていながら，肝心の That の指示対象，すなわち自説の根拠が何であるのかが明確ではない。

③ **文法・語彙**

解答例 **A** には文法や語法上の誤りは一切ない。また prioritize, infrastructure, cost effective, proponents, gasoline-powered vehicles など，他の発言には含まれていない豊富な表現を用いて，教授や他の学生の指摘や見解を的確に言い換えたり要約したりしており，理解力と表現力の高さを示している。

これに対して，解答例 **B** は more easier のように比較級の表現が誤っていたり，transportation ように名詞の不可算が誤っていたりと，基本的な文法ミスが目立つ。中でも pollution—damage, making—give, they—doesn't, find—is とほぼ全文にわたって主語と述語動詞の呼応（一致）が崩れていることは大きなマイナスである。

④ **分量**

設問には最低でも 100 語との指示があり，解答例 **A** は 115 語とこの条件を満たしている。しかし解答例 **B** は 76 語しかなく，有効な解答になっていない。なお先行する Jeffery の発話は 70 語，Alice の発話は 73 語なので，解答にはこれらを上回る分量が求められる。教授と学生 2 人の投稿を読む時間も含めて 10 分間で最低 100 語という設問を常に意識し，十分な分量で解答すること。

CHAPTER 4

自己採点の手引き

Reading | リーディング問題の採点

1 実際の採点方法

・TOEFL のリーディングでは 2 つのパッセージが出題されます。

・通常の設問は 1 問につき 1 ポイントですが，2〜3 ポイント加算される設問もあります。2 ポイント以上が割り当てられている設問では，部分点も入ります。

・2 つのパッセージで獲得した合計ポイントを 30 点満点に換算したものが，実際のスコアになります。

2 本書での自己採点方法

・2 つのパッセージのポイントを加算してください。

・選択肢から 3 つを選ぶ要約問題では最大 2 ポイントが加算されます。3 つすべて正解した場合は 2 ポイント，2 つ正解した場合は 1 ポイントを加算してください。

・2 つのパッセージで獲得したポイントを合計したら，右ページの変換テーブルを参照し，30 点満点のスコアに換算してください。

・ご自身のスコアに応じて，p. 164〜165 の学習アドバイスも参照してください。

＊この採点方法は旺文社独自のものです。あくまでも現在の実力を推測するための目安としてご利用ください。

3 スコア換算表

素点	スコア
22	30
21	29
20	28
19	26
18	24
17	23
16	22
15	20
14	18
13	17
12	16
11	15
10	14
9	13
8	11
7	10
6	8
5	6
4	4
3	2
2	1
1	0
0	0

4 スコア別学習アドバイス

❶ 初～中級（スコア 0～17）

　当たり前のことですが，「文章」は段落の，「段落」は文の，「文」は語と句の組み合わせです。ですから文章全体を理解するには，まず各段落の内容理解が，そして段落の内容理解には，一文一文の内容理解が大前提になります。遠回りのようですが，やはり各文の意味をできるだけ正確につかむことが，読解力アップへの近道です。最初から「速読」や「斜め読み」などと焦る必要はありません。普段の学習では，きちんと文型を確認し，品詞を区別し，辞書を引き，丁寧に，落ち着いて読み進めるよう，地道な努力を積み重ねましょう。

　語や句の配列，文と文のつなぎ方を，誰にでも分かるように定めているのが「文法」です。「英文法は苦手」，「英語はフィーリング」などと思っている人もいるかもしれません。でも，文法こそが，実は，誰でも，簡単に，確実に，そして正確に英語が読めるようになる「楽勝法」なのです。「5文型」，「分詞構文」，「関係詞」など，文法用語は確かに親しみやすいとは言えないかもしれません。けれども，いったん噛み砕いて理解してしまえば，どんな文章を見ても，戸惑ったり，迷ったりせずに済むようになります。

　文法や構文を理解せずに，単語だけ棒暗記してみても，決して文章が「読解」できるようになりません。まずは「基本」，つまり，構文と文法からスタートしましょう。とは言っても，なにごとも，いちばん難しいのは「基本」です。文法書を使った独学が難しいと感じたら，英語講師に手ほどきを受けるのも効果的です。英語ビギナーの場合，構文解析や文法解説は，ネイティブ講師ではなく，英語と日本語の違いを構造的に説明できる日本人講師の方がよいかもしれません。

　最後にもう一度，繰り返しになりますが，英文読解の極意は「急がば回れ」です。

❷ 上中級（スコア 18～23）

　さらにスコアアップをねらうために必要なのは「速読力」です。ただし，「速読」とは，眼球を素早く動かしたり，テキストを斜め読みしたりすることではありません。TOEFL が求めているのは「検索力」，つまり必要な情報を，テキストの森の中から，素早く的確に探し出してくるスキルです。もっとも，ここで言う「検索」とは，パッセージのすべての文を探しまわる「全文検索」ではありません。必要なのは，あくまでも「スポット検索」，つまり，検索する対象範囲（段落や文）をあらかじめ絞った上で行う，必要最低限の検索です。

　検索スポットを絞り込み，的確に解答根拠を見つけ出すためには，①「文章構成の把握」，②「同義表現の変換」の2つが絶対条件です。「文章構成の把握」とは，段落単位での内容理解のことです。段落という「ブロック」（かたまり）の「トピック」（主題）を大づかみにするイメージです。「第1段落はA説，第2段落はA説の批判，第3段落はB説という異説，第4段落は筆者の見解」のように，あらかじめ段落単位で流れをつかんでおけば，B説に関する設問に解答する際，すぐに第3段落へとスポットを絞り込むことができます。段落の主題は通例，各段落のはじめの1～2文（トピックセンテンス）に示されるので，これらを拾い読みするだけで，たいてい大きな流れが見えてきます。

もっとも、「スポット検索」で解答根拠の位置が分かっただけで、即、正解とはいきません。TOEFL の設問では、同義表現による「言い換え」が多用されているからです。例えば、設問文中の "the number of inhabitants"（住民の数）が、本文中では、"the population"（人口）と表現されていることがあるのです。本文中の表現をそのまま含む選択肢は、しばしば受験者を惑わすためのワナなので、十分な注意が必要です。

　練習問題を解いて復習するときは、ぜひ以上の 2 点を意識してみてください。少しの努力で、きっと TOEFL 的な「高速検索」と「精読精解」がマスターできるはずです。

❸ 上級（スコア 24〜30）

　上級者にとって、フルスコアへの最後の課題は、「語彙力」（ボキャブラリー）と「教養力」（リベラルアーツ）の増強です。もっとも、ただ単語・熟語集で棒暗記したり、英文を乱読したりするのは、あまり効果的でも効率的でもありません。ボキャブラリー・ビルディングに先だって、まずは TOEFL とはそもそも何のための試験なのかをはっきりと再確認しておくべきでしょう。

　TOEFL とは、英語で大学・大学院レベルの研究をするための英語力、つまり「アカデミック」な英語の力をはかるためのテストです。いわゆる「英会話」「ビジネス英語」などの力を試すテストではありません。TOEFL が求める英語とは、あくまでも、大学でレクチャーを聞き、リーディングの課題をこなし、クラスで討議・発表し、レポートを書き、またキャンパス生活を送るために必要な英語なのです。ならば、その対策は簡単です。大学で学ぶように学ぶ、つまり、「英語を学ぶ」のではなく「英語で学ぶ」ことに尽きます。

　ただし、大学レベルと聞いて「専門的」と勘違いしてはいけません。欧米の高等教育の理念は、古代ギリシア以来一貫して、「リベラルアーツ」なのですから。「リベラルアーツ」とは、平たく言えば「より善き人間になり、より良き人生を歩むために、広く、深く、ともに学ぶ」という学びの姿勢のことです。TOEFL が、アメリカ史、生物学、社会学、天文学、音楽、伝記など、文系・理系の別を問わない、実に多種多様な内容の問題を含むのは、ひとえにこの人間と自然に対する尽きない関心と好奇心が学問の基本だと考えているからに他なりません。大切なのは、自由に、楽しく学び、自身の世界を広げることです。文系の人は生物学や天文学など、理系の人はアメリカ史や文学論など、苦手分野にあえて取り組み、「好き嫌い」と「食わず嫌い」を克服することから始めてみましょう。

＊スコアの区分は ETS によるものを基にしています。

Listening | リスニング問題の採点

1 実際の採点方法

- TOEFL のリスニングでは，1 つの会話と 1〜2 つの講義で構成されたパートが 2 つ出題されます。
- すべての問題で 1 問につき 1 ポイントとして採点されます。
- 2 つのパートで獲得した合計ポイントを 30 点満点に換算したものが，実際のスコアになります。

2 本書での自己採点方法

- 2 つのパートのポイントを加算してください。
- 4 つの選択肢から 2 つを選ぶ問題や複数の項目で YES / NO を選ぶ問題においては，すべて正解した場合のみ 1 ポイントを加算してください。
- 2 つのパートで獲得したポイントを合計したら，右ページの変換テーブルを参照し，30 点満点のスコアに換算してください。
- ご自身のスコアに応じて，p. 168〜169 の学習アドバイスも参照してください。

＊この採点方法は旺文社独自のものです。あくまでも現在の実力を推測するための目安としてご利用ください。

3 スコア換算表

素点	スコア
28	30
27	29
26	27
25	25
24	24
23	23
22	22
21	21
20	19
19	18
18	17
17	16
16	14
15	13
14	12

素点	スコア
13	10
12	9
11	7
10	6
9	5
8	3
7	2
6	1
5	1
4	0
3	0
2	0
1	0
0	0

4 スコア別学習アドバイス

❶ 初～中級（スコア 0～16）

　TOEFL が求めるリスニング力とは，ただ「音」を聞き取るだけの「聴力」ではなく，あくまでも「音」を「意味」に変換する「聴解力」です。ですから，ただ「耳」だけでなく，「頭」を鍛える気持ちで勉強することが不可欠です。リスニングだからと言って，ただ音声を聞き流しているだけでは，英語は耳を通り抜けるだけで，頭にまで入ってきません。具体的なトレーニング方法として，まずお勧めしたいのは，少し意外かもしれませんが，「音読」です。

　そもそも，自分で発音できない音は，聞き取れません。ですから，聞き取るためには，当然，発音ができなくてはならない，ということになります。もっとも，はじめから，スラスラと流れるような発音やイントネーションを目指すのは無理がありますし，またその必要もありません。まずは，ひとつひとつの単語を，焦らず，気負わず，ゆっくり，しっかり，丁寧に，ごまかさずに，大きな声で発音することから始めましょう。中学校で勉強したはずの，TH や F の発音，L と R の区別，短母音（ア）と長母音（アー）の違いなどを思い出しながら，口の筋肉がときほぐされるように，少しオーバーなくらいに舌や唇を動かしてみましょう。

　電子辞書やオンライン辞書の発音再生機能を利用するのも 1 つの方法ですが，あわせて発音記号も参照すると，なお効果的です。耳だけでなく，目でも，正確な発音を確認できるからです。本書巻末の「必修ボキャブラリーリスト600」（p. 218～247）など，まずは単語レベルから始めて，しだいに慣れてきたら，次は，リーディングのパッセージや，リスニングの会話スクリプトなど，長めの音読に挑戦してみましょう。ゆっくりとでも，しっかり音読ができるようになれば，リスニングの力も自然についてくるものです。もちろん，音読はスピーキングの練習にもなりますから，一石二鳥です。

❷ 上中級（スコア 17～21）

　教授による講義でも，キャンパスでのちょっとした会話でも，TOEFL が求めるのは，全情報の網羅的な聞き取りではありません。必要なのは，重要な情報にターゲットを絞った，メリハリのついた聴解力です。一語一句も聞き漏らすまい，などと力み過ぎると，かえってマイナスになることが少なくありません。本当に重要な情報は，一度だけでなく，二度，三度と複数回，ただし少し表現を変えて繰り返されることが少なくありませんから，少しリラックスして，部分ではなく，全体に意識を向けるようにしてみるとよいでしょう。

　ただしリラックスとは言っても，ぼんやりと音声を聞き流すのとは異なります。普段の練習では，大学の授業でそうするように，ノートを取りながら音声を聞くのが効果的です。特に講義タイプの問題の場合は，ノートテイキングは必須です。いわゆる「ディクテーション」のように全文を書き取る必要はありません。ポイントのみを箇条書き式にメモするのが基本です。聞きながら書き，書きながら聞くわけですから，センテンスどころか，単語さえそのまま書くのは負担になります。population「人口」は "Pop."，twentieth century は "20 C."，human being は "HB" のように略称を使ったり，「因果関係」は "⇒"，「影響関係」は "→" など各種の矢印を自分で使い分けた

りと，速記的な工夫をしてみましょう。

❸ 上級（スコア 22〜30）

　発音の聞き分けも大丈夫，ノートテイキングもマスターしているという上級者の皆さんにとって，TOEFL のリスニングは，リーディングと同じように，ただの英語のテストではなく，リベラルアーツへの第一歩です。TOEFL の練習問題はもちろん，時には TOEFL を離れて，さらにレベルアップしたトレーニングを心がけましょう。

　インターネットに豊富な素材が，しかも無料であふれている今日，リスニングトレーニングの素材にこと欠くことはありません。英語ニュース局には，いまや世界的に有名なアメリカの CNN や，歴史あるイギリスの BBC，あるいは中東情勢では定評がある Al Jazeera English（アルジャジーラ）などがありますが，語彙レベル，ナレーションの速度，ニュースの内容，いずれも最難関レベルです。最初はあまり背伸びをせず，英語学習者向けの番組が充実している VOA（Voice of America）などから始めるのがよいかもしれません。発音は明瞭，スピードも速過ぎず，スクリプト付きも多いので，TOEFL 対策には最適です。ラジオ・テレビともに有力局の多くは，スマートフォン用のアプリも無料提供しているので，こうしたツールを使えば，いつでもどこでも，リベラルアーツ的リスニングのトレーニングが実践できます。

　講義タイプの問題の対策に，特にお勧めしたいのは，日本でもよく知られている TED です。世界的に著名な研究者やアクティビスト，アーティストの講義や講演がすべて無料で視聴できます。その他にも，大学レベルの講義の素材はインターネット上にたくさんありますので，探してみてください。

　繰り返しになりますが，上級者向けリスニング対策の基本的アプローチは，「英語を学ぶ」のではなく，「英語で学ぶ」です。スコアは後から，おのずとついてくるものです。

＊スコアの区分は ETS によるものを基にしています。

Speaking | スピーキング問題の採点

1 実際の採点方法

- TOEFL のスピーキングでは，4 つの課題が出題されます。それぞれの解答はデジタル録音され，複数の ETS 公認採点官と機械によって採点されます。
- 各課題は，「概要（内容理解・応答性）」「話し方（発音・流暢さ）」「言語運用（文法・語彙）」「話題の展開（論理構成・具体的展開）」の 4 つの評価基準によって 0〜4 ポイントで採点されます（詳しい採点基準は ETS のウェブサイトに掲載されています）。
- 4 題それぞれで獲得したポイントの平均を算出した後，30 点満点に換算したものが，実際のスコアになります。

2 本書での自己採点方法

- 本書の特典である Web 模試で解答するか，録音・再生できる IC レコーダーやスマートフォンなどを用意し，実際のテストと同じように，ストップウォッチなどで解答時間を計りながら，自分の解答を吹き込んでみてください。
- 各課題について，録音したものを聞き直し，p. 172〜173 の自己採点テーブルにしたがって，評価項目ごとに自分の解答を採点してみてください。各項目の平均値がその課題で獲得したポイントになります。解答する意思がない，あるいは課題と関係のないことを解答した場合は，必ずその課題は 0 ポイントになります。
- 各評価項目を採点する際は，以下を目安にしてください。
    - 4 点：ごくわずかなミスはあっても，しっかりと評価基準を満たしている。
    - 3 点：いくつか欠点はあるが，おおむね評価基準を満たしている。
    - 2 点：評価基準に満たないところが多い。
    - 1 点：全体的に評価基準を満たしていない。
- 全課題の自己採点が終了したら，各課題で獲得したポイントの平均値を算出してください。その後，右ページの変換テーブルを参照し，30 点満点のスコアに換算してください。
- ご自身のスコアに応じて，p. 174〜175 の学習アドバイスも参照してください。

＊平均値を算出する際は，小数点第 2 位を四捨五入してください（例えば，平均値が 3.09 なら，3.1 とします）。

＊この採点方法は旺文社独自のものです。あくまでも現在の実力を推測するための目安としてご利用ください。

3 スコア換算表

素点	スコア
4.0	30
3.9	29
3.8	29
3.7	28
3.6	28
3.5	27
3.4	27
3.3	26
3.2	25
3.1	24
3.0	23
2.9	22
2.8	21
2.7	20
2.6	20
2.5	19
2.4	19
2.3	18
2.2	17
2.1	16

素点	スコア
2.0	15
1.9	14
1.8	14
1.7	13
1.6	12
1.5	11
1.4	11
1.3	10
1.2	10
1.1	9
1.0	9
0.9	8
0.8	7
0.7	6
0.6	5
0.5	4
0.4	3
0.3	2
0.0	0

CHAPTER 4　Speaking

評価区分		評価項目
Length （長さ・分量）	**1**	Length（長さ・分量）
Topic Development （論理展開）	**2**	Comprehension（内容理解） ＊統合型（No. 2～4）のみ
	3	Relevancy（応答性）
	4	Organization（論理構成）
	5	Progression of Ideas（具体的展開）
Delivery （話し方・発音）	**6**	Pace & Fluency（速度と流暢さ）
	7	Pronunciation & Accent / Stress （発音とアクセント・強勢）
	8	Intonation（抑揚）
Language Use （表現・語彙）	**9**	Vocabulary（語彙力）
	10	Sentence Structure（構文力）
	11	Grammar（文法力）

自己採点のヒント

▶ **ポイント1　長さ・分量**
模範解答ほどの長さは必ずしも必要ありませんが，短過ぎたり長過ぎたりする解答や，結論・まとめがなく途中で終わっている解答は減点になります。

▶ **ポイント2～5　論理展開**
模範解答とそのコメントを参考に自己採点してみてください。シグナルワードによって論理構成が一目瞭然であるか否かが最大のポイントです。

評価基準	採点欄			
与えられた解答時間を十分に利用し，過不足ない長さである。	4	3	2	1
与えられた課題文や講義の構成と内容が十分に理解できている。	4	3	2	1
設問の要求を的確に理解し，その指示にしたがって，単刀直入に応じている。＊統合型（No. 2〜4）の場合，課題文や講義などを的確に要約し，引用しながら論じている。	4	3	2	1
文と文，段落と段落が論理的に積み重ねられており，その流れがシグナルワードによって，分かりやすく，かつ効果的に示されている。	4	3	2	1
はじめに主張内容を明言し，続いてこの主張を裏付け，説得性を高めるための具体的な論拠や事例を列挙する構成になっている。	4	3	2	1
落ち着いて一定の速度で話しており，早口過ぎたり，沈黙，言い間違い，言いよどみで途切れ途切れになったりしていない。	4	3	2	1
単語の「発音」と「強勢」が正確で，聞き取りやすく，聞き手に誤解なく伝わる（TH や F の発音，L と R の区別，第1・2アクセントの位置など）。	4	3	2	1
イントネーション（抑揚）が全体を通して，自然で安定しており，棒読みや，オーバーで不自然な話し方になっていない。	4	3	2	1
主張を正確に分かりやすく伝えるため，適切な単語や表現を使っている。また同じ表現を繰り返さず，同義語や同義表現で効果的に言い換えている。	4	3	2	1
単語の羅列や，基本文型（単文）の繰り返しではなく，様々な文型や表現を効果的に使いこなしている（複文，分詞構文，関係詞節など）。	4	3	2	1
主語と述語動詞の呼応，動詞の時制，可算・不可算の区別，助動詞，前置詞など，正しい文法・語法に留意して話している。	4	3	2	1

▶ポイント6〜8　話し方・発音
内容・構成が明瞭であれば，発音やアクセントの採点は厳しくなくても構いません。英語母語話者や，留学経験のある友人や先生などが身近にいたら，採点をお願いしましょう。英語音声認識機能があるソフトウェアやスマートフォンなどで，自分の英語が正しく認識できるか試してみるのも良い方法です。

▶ポイント9〜11　表現・語彙
自分の解答を文字化し，ワープロソフトなどのグラマーチェック機能を利用してみましょう。できれば，友人と相互に批評したり，英語ができる知人や先生に採点をお願いしたりしましょう。

5 スコア別学習アドバイス

❶ 基礎・初級（スコア 0〜15）

　英語で話すとなると，まずは「発音」が気になるかもしれませんが，TOEFL のスピーキングでは，まず話す内容と構成を意識して話す習慣をつけるのが先決です。仮にカタカナ発音のジャパニーズ・イングリッシュでも，落ち着いて，はっきりと，理路整然と話すことさえできれば，言いたいことは十分に伝わるものです。でも急に英語で理路整然と，とはハードルが高過ぎると思う場合には，まずは日本語で練習してみるのも 1 つの方法です。英語で話をするかのように，日本語で話してみるのです。

　日本語は，言語の特性上，主語を省いたり，目的語を曖昧にしたりすることが，英語よりも自由自在にできます。その上，「起承転結」という表現によく表れているように，結論を最後に回す傾向があります。この言語感覚の違いは，英語的な日本語を話すことで，はっきりと意識できます。日本語なら「…で，…で，それから，…なので，たぶん…かもしれません」となるところを，「私は…だと考えます。その理由は以下の 3 点です。第一の理由は…，第二の理由は…，第三の理由は…です。以上 3 点から，私は…だと考えます」と英語プレゼンテーション風に話すのです。「好きなことは読書と料理です」のような表現も，TOEFL 風に，「私が余暇にすることを好むのは，アメリカ文学の名作，例えばヘミングウェイやフィッツジェラルドの小説を読むこと，そしてペスカトーレやミラノ風カツレツなどイタリア料理を作り，友人と一緒にこれらを食べることの 2 つです」のように理路整然と，そして具体例を挙げながら話してみましょう。

　英語風の日本語トークに慣れてきたら，もちろん次のステップは，英語で，です。難しい表現や複雑な文型を使う必要はありません。まずは，中学の教科書レベルの簡単な文章を，一文一文，積み重ねるように話してみましょう。でも，ただ積み重ねるのではなく，聞き手にはっきりと伝わるよう，First, Second, Finally のような順番を表す表現や，Because「…なので」，However「しかし」，Moreover「さらに」のような話の流れを明示する表現（シグナルワード）を，文と文の間に的確に挟み込んでいくのがポイントです。

❷ 中〜上中級（スコア 16〜24）

　発音やイントネーションはある程度の水準に達している，また一定の「型」にしたがって，自身の意見や考えを主張できるという中級レベルの皆さんにとって，残された課題は，より「自然」で聞きやすく，「説得的」な話し方のトレーニングです。スピーキングの「型」とは，もちろん，「起承転結」ではなく，①「主張・結論」→②「論拠・具体例」→③「再主張・まとめ」の一連の流れのことです。解答の中心をなす②「論拠・具体例」が，短過ぎたり，適切な論拠を挙げられていなかったり，具体性を欠いていたりするのは問題です。しかし逆にあまりたくさん具体例を盛り込もうと力んでしまうと，制限時間内に③「再主張・まとめ」にまで至らず，「尻切れトンボ」で終わってしまいます。練習する際には，ストップウォッチで計測するなどして，時間配分に十分注意しましょう。

　制限時間を最大限に活かして主張するためには，必要以上に沈黙したり，"err …"「えー，えーと」，

"well"「さて」，"what to say …"「何て言ったらいいかな…」，"like"「っていうか」など，不必要な表現を挟んだりしないようにしましょう。日常の会話では便利なこうした口語的な表現も，自身の見解を説得的に主張する際にはかえって邪魔になります。解答に先だって与えられる準備時間のうちに，頭の中にしっかり「アウトライン」を描くことができれば，こうした不要な表現や間合いは，ある程度まで避けられます。考えながら話すのではなく，まずしっかりと考えてから話し始めることが肝心です。

　自分の話し方をチェックするのにいちばん良い方法は，録音して再生し，これを自己批評・採点してみることです。解答の際に最も大切なのは，そして，少し意識すればすぐに改善できるのは，話の構成です。聞き手に「アウトライン」が"見える"ような話し方を目指しましょう。

❸ 上級（スコア 25〜30）

　「話し方」（発音，イントネーション，ペース）も，「論理構成」も大丈夫という上級者にとって，ベストの TOEFL 対策は，TOEFL 対策にとどまらない「生きた教材」で，リベラルアーツ的学びに努めることです。もちろん実践的な試験対策をすることは受験直前には不可欠です。けれども，ただ受験対策にとどまるならば，TOEFL スピリットに反してしまいます。より「英語らしい英語」を話したいならば，自身の知的関心にしたがって，自由に，積極的に，むさぼるように「英語で」学ぶしかありません。

　幸い，インターネット上には，リスニング対策で述べたように，英語ニュースや英語レクチャーなど，多種多様な「学習教材」があふれています。こうした素材に日常的に親しみながら，英語を通して，様々な学術分野や時事問題にふれることで，語彙や表現はおのずと増えていくはずです。

　もちろん，スピーキングですから，ただ聞くだけではなく，自分でも話してみることが大切です。本書をはじめとする TOEFL の模範解答を何度も聞き，音読し，その構造を自分で分析してみてください。設問の内容が異なっても，応用がきく構造や表現がいくつも発見できるはずです。特に，シグナルワードや各種の文型は，他の問題でもそのまま使えますので，これらを覚えて，実際に使ってみましょう。自分の解答を録音・再生しての自己点検や，ストップウォッチでの時間管理も忘れずに。でも何と言っても，ベストのスピーキング対策は，実際に英語で誰かとディスカッションやディベートをしてみることです。相手は必ずしも，ネイティブスピーカーである必要はありません。TOEFL を勉強している仲間同士で，テーマと時間を決めて議論してみてはどうでしょうか。オンライン上で実際に会話できるサービスを利用するのもいいでしょう。

＊スコアの区分は ETS によるものを基にしています。

Writing | ライティング問題の採点

1 実際の採点方法

· TOEFL のライティングでは，2 つの課題が出題されます。入力された解答は，ETS 公認採点官と機械によって採点されます。

· 各課題は，「内容の正確さ」「文章の構成・展開」「言語運用」を評価基準に，0～5 ポイントで採点されます（詳しい採点基準は ETS のウェブサイトに掲載されています）。

· 2 題それぞれで獲得したポイントの平均を算出した後，30 点満点に換算したものが，実際のスコアになります。

2 本書での自己採点方法

· 本書の特典である Web 模試で解答するか，ストップウォッチなどで解答時間を計りながら，キーボードとモニターがある PC 環境などで，解答を作成してください。

· 各課題について，p. 178～179 の自己採点テーブルにしたがって，評価項目ごとに自分の解答を採点してみてください。各項目の平均値がその課題で獲得したポイントになります。空白である，トピックや課題文からただ文を写している，あるいは課題と関係のないことを解答した場合は，必ずその課題は 0 ポイントになります。

· 各評価項目を採点する際は，以下を目安にしてください。

　　5 点：ごくわずかなミスはあっても，しっかりと評価基準を満たしている。
　　4 点：いくつか欠点はあるが，おおむね評価基準を満たしている。
　　3 点：評価基準を満たしているところもあるが，欠点も多い。
　　2 点：評価基準に満たないところが多い。
　　1 点：全体的に評価基準を満たしていない。

· 全課題の自己採点が終了したら，各課題で獲得したポイントの平均値を算出してください。その後，右ページの変換テーブルを参照し，30 点満点のスコアに換算してください。

· ご自身のスコアに応じて，p. 180～181 の学習アドバイスも参照してください。

*平均値を算出する際，小数点第 2 位を四捨五入してください（例えば，平均値が 3.09 なら，3.1 とします）。

*この採点方法は旺文社独自のものです。あくまでも現在の実力を推測するための目安としてご利用ください。

3 スコア換算表

素点	スコア
5.0	30
4.9	30
4.8	29
4.7	29
4.6	28
4.5	28
4.4	27
4.3	27
4.2	26
4.1	26
4.0	25
3.9	25
3.8	24
3.7	24
3.6	23
3.5	22
3.4	22
3.3	21
3.2	21
3.1	20
3.0	20
2.9	19
2.8	19
2.7	18

素点	スコア
2.6	18
2.5	17
2.4	17
2.3	16
2.2	15
2.1	15
2.0	14
1.9	13
1.8	12
1.7	12
1.6	11
1.5	11
1.4	10
1.3	10
1.2	9
1.1	9
1.0	8
0.9	8
0.8	7
0.7	6
0.6	5
0.5	4
0.0	0

評価区分	評価項目	
Length （長さ・分量）	**1**	Length（長さ・分量）
Topic Development （論理展開）	**2**	Comprehension（内容理解）
	3	Relevancy（応答性）
	4	Organization（論理構成）
	5	Progression of Ideas（具体的展開）
Language Use （表現・語彙）	**6**	Vocabulary（語彙力）
	7	Sentence Structure（構文力）
	8	Grammar（文法力）

自己採点のヒント

▶ ポイント1　長さ・分量
短過ぎたり長過ぎたりする解答や，結論・まとめがなく途中で終わっている解答は減点になります。

▶ ポイント2～5　論理展開
模範解答とそのコメントを参考に自己採点してみてください。シグナルワードによって論理構成が一目瞭然であるか否かが最大のポイントです。

評価基準	採点欄				
制限時間内に，規定の語数を満たして解答している。短過ぎて有効な解答と見なされる最低語数に達していなかったり，長過ぎて結論が書けていない「尻切れトンボ」になったりしていない。	5	4	3	2	1
与えられた課題文や講義の構成と内容が十分に理解できている。	5	4	3	2	1
設問の要求を的確に理解し，その指示にしたがって，単刀直入に応じている。課題文や講義などを的確に要約・引用したり，話の流れに応じて適切に論じたりしている。	5	4	3	2	1
文と文，段落と段落が論理的に積み重ねられており，その流れがシグナルワードによって，分かりやすく，かつ効果的に示されている。	5	4	3	2	1
はじめに主張内容を明言し，続いてこの主張を裏付け，説得性を高めるための具体的な論拠や事例を列挙する構成になっている。	5	4	3	2	1
主張を正確に分かりやすく伝えるため，適切な単語や表現を使っている。また，同じ表現を繰り返さず，同義語や同義表現で効果的に言い換えている。	5	4	3	2	1
単語の羅列や，基本文型（単文）の繰り返しではなく，様々な文型や表現を効果的に使いこなしている（複文，分詞構文，関係詞節など）。	5	4	3	2	1
主語と述語動詞の呼応，動詞の時制，可算・不可算の区別，助動詞，前置詞など，正しい文法・語法に留意して書けている。	5	4	3	2	1

▶ ポイント 6〜8　表現・語彙

ワープロソフトのスペル・グラマーチェック機能や，インターネット上の同様の無料サービスを利用するのも良い方法です。できれば，友人と一緒に解答して相互に批評したり，英語ができる知人や先生に採点をお願いしたりしましょう。

5 スコア別学習アドバイス

❶ 基礎・初～中級（スコア 0～16）

　まだ英語で文章を書くのは苦手という初級の皆さんにとって，最初の課題は，「型」にはまった英語を書くことです。TOEFL が求めているのは，作文や感想文やエッセイではなく，あくまでも大学のレポート式の解答です。でも文章全体の「型」の前にマスターしなくてはならないのは，一文一文の「型」，つまり「文型」です。文型と聞いて思い出すのは，きっと，あの「5 文型」ではないでしょうか。「あの受験英語の 5 文型が TOEFL に？」と思う人もいるかもしれませんが，英語という言葉は，どんなに長く複雑な文章も，5 種類の型の組み合わせでできているのです。どんなにたくさん単語を暗記してみても，その適切な並べ方が分からなければ，「宝の持ち腐れ」になってしまいます。単語と単語の配列を定めるのが文型ですから，まずはこの 5 文型の復習から始めましょう。文型がマスターできたら次の学習課題は，文と文を，接続詞（although, because, as など）や接続副詞（however, moreover, thus など）を使って，理路整然と並べることです。

　文型という考え方が理解できれば，主語と述語動詞の対応，他動詞と自動詞の区別，現在分詞と過去分詞の使い分け，to 不定詞や関係詞の用法など，様々な文法ルールも，やがて理解できるようになります。英語と日本語には，似ている部分と似ていない部分があります。似ている部分は難しくありませんが，問題は，似ていない部分です。ここは「フィーリング」や「慣れ」などではなく，「頭」で理解すべきところですから，文法書などを使って着実に学習しましょう。英語は，スポーツ競技や楽器演奏などと同じように，「基本」がいちばん大切で，かつ習得が難しいところです。間違ったクセがついてしまうと，後が大変です。独学が難しいと感じたら，英語講師の指導を受けることをお勧めします。

❷ 上中級（スコア 17～23）

　「5 文型」はもちろん大丈夫，関係詞や分詞構文，仮定法も理解しているという皆さんは，一文の「構造」（文型）はもちろん，文から文への流れ，さらには段落から段落への流れを徹底的に意識するよう，心がけてください。「つれづれなるままに」書くのではなく，明確な「アウトライン」（設計図）にしたがって文をブロックのように「組み立てる」のがポイントです。そのために欠かせないのは，様々なシグナルワードを効果的に使いこなすことです。まずは本書のライティングの模範解答を，次はリーディングのパッセージを分析して，TOEFL ライティングの「基本型」を自分で抽出してみてください。ただ読み流すのではなく，シグナルワードをマークしながら読むと，センテンス間，パラグラフ間の構造が見えてきます。できれば，さらにこれらをノートに書き出し，アウトラインとしてまとめてみましょう。

　実際に解答する際にも，書き始める前にアウトラインができていることが重要です。アウトラインがないと，行き当たりばったりで文章を羅列してしまったり，制限時間内に解答を仕上げられなかったりします。幸い TOEFL のライティングの設問は，それぞれ内容は違ってもパターンが似ているので，アウトラインも定型的で問題ありません。設問にストレートに応答するよう意識して，①「主張・結論」→②「論拠・具体例」→③「再主張・まとめ」のシンプルな流れを守りましょう。

語彙や表現，文型もまた，シンプルなもので構いません。ただし単調にはなり過ぎないように，同義表現で言い換えたり，単文ばかりでなく重文や複文を使ったりすることは必要です。関係詞節や分詞構文，仮定法や様々な比較表現など，自分で読んで分かる表現は，ライティングでもどんどん使ってみましょう。こうした表現上の工夫がいくつかあるだけでも，英文はぐんとレベルアップして見えるものです。

❸ 上級（スコア 24〜30）

　「文構造」（文型）も「文章構造」（文間・段落間の論理的なつながり）も明確な英文が書けるならば，英語ライティングの仕上げは，語彙力と表現力のトレーニングのみです。論理的で説得的，さらには魅力的な英語を「書く」ためには，優れた英文を「読む」のがいちばんです。まずはTOEFL のリーディングをお手本にし，次は英語の新聞や雑誌記事を参考にしましょう。New York Times, TIME, Newsweek, National Geographic などはおなじみだと思います。こうした大手メディアはウェブサイトが充実していますから，実際に購読しなくても，記事の多くまたは一部は，無料で閲覧できます。ただし，新聞や雑誌の記事など，プロの書き手の表現や文体，構成は，必ずしもそのまま TOEFL の解答に適しているとは限らないので注意が必要です。ライティングの解答に必要なのは，気のきいた表現や凝った文型ではなく，あくまでもシンプルでストレートな表現です。また文章構成も，エッセイや読み物ではなく，あくまでも大学のレポートや論文のスタイルでなければなりません。

　その点でいちばん参考になるのは，大学生向けの英語ライティングの教科書かもしれません。オンライン書店などで，"college writing skills" や "academic writing" をキーワードに検索すると，こうした入門テキストがすぐに見つかるはずです。またアメリカの大学のウェブサイトには，しばしば在学生向けに，"A Short Guide to College Writing"，"Tips for College Writing"，"College Essay Writing Tips" と題されたガイドが掲載されています。こうした資料では，議論の組み立て方や表現上の注意，さらには，カンマやダッシュ，引用符（クォーテーション・マーク），斜字体（イタリック体）の使い方など，日本の英作文教科書にはあまり説明されていない，英語レポートの基本中の基本が丁寧に説明されています。

＊スコアの区分は ETS によるものを基にしています。

著者からのアドバイス

　TOEFL のスコアアップと，英語力全般の向上にプラスになる学習アドバイス
とコツを以下にまとめました。ぜひご一読ください。

リーディング

　リーディングには大きく，**スキミング (Skimming)，スキャニング (Scanning)，エ
クステンシブ・リーディング (Extensive Reading)，インテンシブ・リーディング
(Intensive Reading) の４種類のアプローチ**があります。スキミングとスキャニング
はともに，ざっと目を通すような読み方のことで，スキミングがパッセージ全体の概略
をつかもうとするのに対して，スキャニングはある特定の情報を検索するように読む，
という違いがあります。エクステンシブな読み方とは，知らない単語が出てきても立ち
止まることなく，文脈の中でおおよその意味を推定して，どんどん先に目を進めるアプ
ローチのことです。インテンシブな読み方とは，一言で言えば「精読・熟読」で，一語一
語の語義のみならずニュアンスにも留意し，一文一文を丁寧に追いかけながら，テキス
トの隅々まで正確に理解しようとするアプローチのことです。

　これらの方法は，自分で試すことができます。適当なパッセージを１つ選んで，まず
は15秒程度でスキミングし，パッセージの主題をメモしてみてください。それから，
パッセージをもう一度，今度は少しスピードを落として，ゆっくり，しっかりと読み，
最初の理解と比べてみてください。**パッセージを「しっかりと」読む前にまず「ざっ
と」読んでおくことは，TOEFL のリーディング問題でも有効です。**

　では，どうすればリーディング力を効果的につけられるか？　その答えは，同語反復
になるかもしれませんが，リーディングに取り組むことに尽きます。**毎日，5〜10分
の短い時間でも，とにかく何かしらの英文テキストに触れることを習慣化しましょう。**

ボキャブラリー

　単語の勉強の際に大切なのは，学習の目的に応じて必要な単語に優先順位を付け，計
画的，合理的，かつ効率的に学ぶことです。そこでぜひお勧めしたいのは，**すでに知っ
ている単語に新たな単語を結びつけていく「ワード・パッケージ」(word packages)
という方法**です。これは，**意味的に関連したいくつかの単語をまとめてグループ化する
ことです。各単語が「同義語・類義語」で構成されていることが理想です。**例えば
goal（「目的，目標」）という単語。この単語に target—aim—objective という類義の

語を絡めてひとまとめにしたものがワード・パッケージです。もう少し難易度の高い例はrequired—compulsory—mandatory—obligatoryです。required「必要な，必須の」という語をコアとして，他の3つの類義語がパッケージ化されています。

　TOEFLでは，このレベルのワード・パッケージを数多く知っていることが重要です。**アカデミックな場面では，同じ概念に言及する場合，異なる表現で言い換えるのが常**だからです。TOEFLのリーディング問題でも，本文中の表現を同義語や類義語で言い換えている選択肢が正解になるのが一般的です。逆に言えば，本文中の表現がそのまま含まれているような選択肢は，受験者を誤答へと惑わすためのワナである可能性が大です。

　単語の記憶には，表側に英単語，裏側に和訳が書いてある小さなカードを複数枚リングでまとめた，いわゆる**「単語カード」**がお勧めです。やり方は，表側に日本語，裏側にパッケージにまとめた英単語群を書きます。カードは1日に何度かリングを外してシャッフルし，順番を変えてからまたリングに戻しましょう。いつも決まった順番ではなく，ランダムにした方がより実践的に記憶できるからです。自分のものになったカードは，新しいカードに差し替えましょう。リングから外したカードは保存しておき，時折目を通して定着具合をチェックしましょう。すぐに思い出せない単語があれば，またリングに戻しましょう。**スマートフォンの単語暗記アプリ**を使うのも良い方法です。ゲームやクイズ形式のものもあるので，遊び感覚で学習ができます。

リスニング

　英語のリスニング・スキルの向上には，映画観賞がおそらく最も効率的で効果的，そして間違いなく最も楽しい学習法の1つです。英語の映画やドラマは様々なオンライン・サービスで観ることができます。ポイントは，**音声や字幕の設定切り替えを利用して"戦略的"に観る**ことです。一気に観るのではなく，初めは数分のワンシーンに挑戦してみましょう。まずは日本語の字幕をオンにして，シーンの流れをつかみましょう。次に同じシーンを，今度は字幕をオフにして，英語の音声だけで視聴します。分からない部分があれば少し戻して，再度，字幕をオンにして観返しましょう。このときの字幕は英語の方がよいでしょう。このトレーニングを継続すると，次第に長いシーンが聴き取れるようになり，やがて映画1本を日本語字幕なしで楽しめるようになるはずです。

スピーキング

　スピーキング・スキルの向上には，なんと言っても**英語を話さざるを得ない環境に身を置くことがベスト**です。実際の留学や英会話学校ではなく，**オンラインの英会話レッスンを活用する**のも1つの手です。講師は必ずしも英語ネイティブである必要はありません。ノン・ネイティブの講師は自らも英語を外国語として学んだ経験があるだけに，

ネイティブ話者よりも英語をより客観化することができ，学習者の観点に立って教えることができる場合が少なくないからです。

ライティング

　最近はAIを組み込んだ英文の添削サービスが普及しつつありますが，英語のライティング力を本当に高めたいのなら，**人に手取り足取り指導してもらうのが一番**です。TOEFLのライティング問題には，TOEFLに適した段落構成，文体，語彙や表現があります。TOEFLに精通したベテランの個人指導を仰ぐには費用がかかりますが，効率と効果を考えれば，長い目で見て決して高くはないはずです。

英語で考える・・・

　「英語で考えましょう。いちいち訳さずに」…きっと皆さんも，これまで何度も言われたことがあるでしょう。けれども「言うは易く行うは難し」とは，まさにこのこと。皆さんにも「利き手」や「利き足」があるように，バイリンガルであっても，たいていは"利き言語"があるものです。試しに自分の携帯番号を頭の中で読み上げてみてください。ほぼ間違いなく，ご自身の母語で読むのではないでしょうか。**英語で反射的に考えるための第一歩として，英語で暗算してみる**のも面白いかもしれません。4＋3＝7，28－4＝24を，"Four plus three is seven. Twenty-eight minus four is twenty-four."のように。これなら，日々の隙間時間を活かしていつでもどこでもトレーニングできます。

　英語を学ぶための最大の鍵は，ごく短い時間でも，とにもかくにも日々英語に触れることです。私たちのセミナーでは **"Ten minutes every day is better than five hours on a Sunday."**「日曜に5時間よりも1日10分」とアドバイスしています。忙しいのはみんな同じ。違いを生むのは，やるかやらないかだけです。英語を学ぶこと，TOEFLに取り組むこと，そして願わくば，いつか留学すること。英語に限らず異言語を学ぶこと，異文化に出会うことは，文字通り，人生を一変させるほどの変化をもたらします。大丈夫，あなたもきっとできるはずです。まずは計画を立てましょう。そしてその計画に従って，学び続けましょう。声を大にして繰り返しますが，毎日毎日です。努力は必ずや実り，投資は必ず報われ，夢はきっと実現します。

Robert Hilke・Paul Wadden
松谷偉弘（訳）

APPENDIX

APPENDIXの使い方

APPENDIX 1 キャンパスで使う英語
Around the Campus

リスニングセクションやスピーキングセクションで出題されやすい15のキャンパスシーンについて，知っておくと役立つボキャブラリーを，会話と設問を通して身につけることができます。アメリカの大学を例に，キャンパスライフに関する知識も掲載していますので，目標のTOEFLスコアを獲得して実際に留学する際にも役立ててください。

APPENDIX 1
01 First-Year Orientation
1年生オリエンテーション

キャンパスが新入生でにぎわい，ひときわ活気づくのは日本では4月ですが，アメリカでは一般的には9月。まだ右も左も分からない"ピッカピカ"の "迷える1年生"のために，日の出する方向（東方＝orient），つまりは向かうべき道を示してくれるのが freshman orientation「新入生対象のオリエンテーション」です。新入生にとって最も大切なのは，履修計画や登録方法のオリエンテーション。私たちにはあまりなじみのない，アメリカの大学に独特の制度名や用語があるので，こうした語には慣れておきたいものです。

🔊 track 49

F: This new student orientation sure has lots of information! I'm still unsure about how to choose my courses and register.

M: Don't worry! The important thing is to look up the types of courses in the online course catalog. It contains everything from introductory courses for people like us to seminars for upper-class students. You can also check if some classes, like chemistry, have labs. There are large enrollment courses, too, with a main professor who lectures the whole class while the teaching assistants hold weekly discussions in small groups.

F: Thanks! I get it. Oh, and we were told that we can't take courses with "prerequisites" until we complete the basic courses for them.

M: Yup. So much to remember for class registration.

1 The phrase course catalog is closest in meaning to

  Ⓐ term schedule   Ⓑ course syllabus
  Ⓒ directory of classes   Ⓓ outline for study

2 The phrase large enrollment course is closest in meaning to

  Ⓐ a seminar for select students   Ⓑ a course with many students
  Ⓒ an elective course   Ⓓ a class with a lab

188

3 The word prerequisite is closest in meaning to

  Ⓐ advanced seminar course   Ⓑ required preliminary course
  Ⓒ open for enrollment   Ⓓ available for majors

訳 女性：この新入生対象のオリエンテーション，情報量がすごく多いね！ コースの選び方と登録の仕方がまだよく分からない。
男性：心配しないで！ 肝心なのは，オンライン向けのコースカタログでコースのタイプを調べることだよ。僕らみたいな人たち向けの概論（入門）コースから，上級生向けのゼミ（セミナー）まですべて載ってる。どの授業に実験があるかも確認できるよ，化学とかで。大人数コースもあるよね。クラス全体の講義は主任の教授が担当しつつ，ティーチング・アシスタントたちが毎週小グループのディスカッションを指導するタイプの。
女性：ありがとう！ 分かった。ああ，それから「履修条件」付きのコースは，それらに必要な基礎コースを履修し終えるまでは取れないって言われたね。
男性：そう。授業登録のために覚えなきゃいけないことが山ほどあるね。

1 正解 Ⓒ コースカタログ
course catalog「コースカタログ」とは関連コースが総覧できる目録のこと。言い換えれば Ⓒ directory of classes「授業の一覧リスト」。一昔前は冊子状だったが，今ではオンラインが主流。Ⓐ term schedule は「学期の予定」，Ⓑ course syllabus は「コース・シラバス（概要）」(p. 192 を参照)，Ⓓ outline for study は「学習の概要」の意味。

2 正解 Ⓑ 大人数コース
enrollment とは「履修登録者（数）」のこと。よって large enrollment course とは Ⓑ a course with many students「大勢の学生がいるコース」の意味。Ⓐ a seminar for select students は「選抜生向けのゼミ」，Ⓒ an elective course は「選択コース」，Ⓓ a class with a lab は「実験がある授業」。

3 正解 Ⓑ 履修条件
prerequisite とは pre-「あらかじめ」＋ require「要求される」が語源で，前もって必要な「前提条件」のこと。大学では，より上級レベルのコースを取る前に，あらかじめ履修しておかねばならない Ⓑ required preliminary course「必修の基礎コース」を意味する。Ⓐ advanced seminar course は「上級のゼミ式コース」，Ⓒ open for enrollment は「履修登録が可能な」，Ⓓ available for majors は「専攻生には利用（履修）可能な」の意味。

189

APPENDIX 1

> キャンパスライフについてのミニエッセイです。会話の背景知識や文化を学びましょう。

> 会話の日本語訳と設問の解説です。正解の語だけではなく，誤答の選択肢の語もあわせて覚えましょう。

> キャンパスでの会話を読んで設問に答えましょう。アプリなど（詳細は p. 10 を参照）で会話の音声を聞くことができます。

APPENDIX ② 必修ボキャブラリーリスト **600**
Vocabulary Lists

TOEFL iBT を受験するのに特に重要な，覚えておきたい 600 語をピックアップしました。Practice Test（本書 CHAPTER 2）を解答する前のボキャブラリービルディングにも，解答した後の復習にも，どちらにも活用できます。

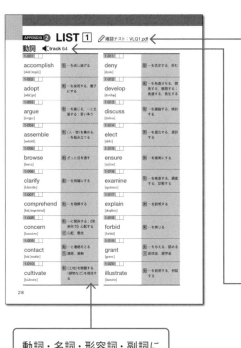

Web 特典サイト（詳細は p. 8 〜 9 を参照）から PDF ファイルをダウンロードして，四択空所補充形式の確認テストを解くことができます。確認テストは，6 つのリストそれぞれに対応しており，リストごとに 15 題出題されます。

アプリなど（詳細は p. 10 を参照）で見出し語の音声を聞くことができます。リスニング，スピーキングの力をつけるためにも，発音記号とあわせてしっかり発音を確認しましょう。

動詞・名詞・形容詞・副詞に分けて 100 語のボキャブラリーリストを 6 つ，計 600 語を掲載しています。

01 First-Year Orientation
1年生オリエンテーション

キャンパスが新入生でにぎわい，ひときわ活気づくのは日本では4月ですが，アメリカでは一般的には9月。まだ右も左も分からない "ピッカピカ" = freshの "迷える1年生" のために，日の出ずる方向（東方 = orient），つまりは向かうべき道を示してくれるのが freshman orientation「新入生対象のオリエンテーション」です。新入生にとって最も大切なのは，履修計画や登録方法のオリエンテーション。私たちにはあまりなじみのない，アメリカの大学に独特の制度名や用語があるので，こうした語には慣れておきたいものです。

🔈 track 49

F: This new student orientation sure has lots of information! I'm still unsure about how to choose my courses and register.

M: Don't worry! The important thing is to look up the types of courses in the online **course catalog.** It contains everything from introductory courses for people like us to seminars for upper-class students. You can also check if some classes, like chemistry, have labs. There are **large enrollment courses**, too, with a main professor who lectures the whole class while the teaching assistants hold weekly discussions in small groups.

F: Thanks! I get it. Oh, and we were told that we can't take courses with "**prerequisites**" until we complete the basic courses for them.

M: Yup. So much to remember for class registration.

1 The phrase **course catalog** is closest in meaning to

    Ⓐ term schedule   Ⓑ course syllabus

    Ⓒ directory of classes   Ⓓ outline for study

2 The phrase **large enrollment course** is closest in meaning to

    Ⓐ a seminar for select students   Ⓑ a course with many students

    Ⓒ an elective course   Ⓓ a class with a lab

3 The word **prerequisite** is closest in meaning to

　Ⓐ advanced seminar course　　Ⓑ required preliminary course

　Ⓒ open for enrollment　　Ⓓ available for majors

訳 女性：この新入生対象のオリエンテーション，情報量がすごく多いね！　コースの選び方と登録の仕方がまだよく分からない。

男性：心配ないよ！　肝心なのは，オンラインの**コースカタログ**でコースのタイプを調べることだよ。僕らみたいな人たち向けの概論（入門）コースから，上級生向けのゼミ（セミナー）まですべて載ってる。どの授業に実験があるかも確認できるよ。化学とかさ。**大人数コース**もあるよね。クラス全体への講義は主任の教授が担当しつつ，ティーチング・アシスタントたちが毎週小グループのディスカッションを指導するタイプの。

女性：ありがとう！　分かった。ああ，それから「**履修条件**」付きのコースは，それらに必要な基礎コースを履修し終えるまでは取れないって言われたよね。

男性：そう。授業登録のために覚えなきゃいけないことが山ほどあるね。

1 正解 Ⓒ　コースカタログ

course catalog「コースカタログ」とは開講コースが総覧できる目録のこと。言い換えれば Ⓒ directory of classes「授業の一覧リスト」。一昔前は冊子状だったが，今ではオンラインが主流。Ⓐ term schedule は「学期の予定」，Ⓑ course syllabus は「コース・シラバス（概要）」(p. 192 **2** を参照)，Ⓓ outline for study は「学習の概要」の意味。

2 正解 Ⓑ　大人数コース

enrollment とは「履修登録者（数）」のこと。よって large enrollment course とは Ⓑ a course with many students「大勢の学生がいるコース」の意味。Ⓐ a seminar for select students は「選抜生向けのゼミ」，Ⓒ an elective course は「選択コース」，Ⓓ a class with a lab は「実験がある授業」。

3 正解 Ⓑ　履修条件

prerequisite とは pre-「あらかじめ」＋ require「要求される」が語源で，前もって必要な「前提条件」のこと。大学では，より上級レベルのコースを取る前に，あらかじめ履修しておかねばならない Ⓑ required preliminary course「(必修の)基礎コース」を意味する。Ⓐ advanced seminar course は「上級のゼミ式コース」，Ⓒ open for enrollment は「履修登録が可能な」，Ⓓ available for majors は「専攻生には利用（履修）可能な」の意味。

02 Registration
授業登録

大学の目的はもちろん勉強。これは日本もアメリカも同じです。しかし，勉強の仕方やスタイルは少し異なります。日本の多くの大学では，勉強は学生が自主的に行うものと期待されています。しかし，アメリカの大学では，勉強はあくまでも授業が中心。良くも悪くも学生たちは授業を通して，半ば強制的／自動的に勉強させられます。学期のはじめに，学生たちは分厚い「開講コースリスト」を片手に，真剣に履修科目を選ぶというのは一昔前の風景。最近では，大学のウェブサイトから授業登録する大学がほとんどです。

🔊 **track 50**

M: Registration is tomorrow. Have you decided what course offerings you're going to **sign up for** this term?

W: No, but I need to meet with my **advisor** this afternoon and get his signature on my registration form, so I suppose I should make up my mind quickly. I'd like to take some more **elective** courses—in art or psychology maybe—but if I want to graduate this year I need to get the requirements for my major out of the way.

M: Me, too. I've already got enough credits to graduate, but I still haven't taken Composition II—and it's a graduation requirement!

1 The phrase **sign up for** is closest in meaning to

Ⓐ add   Ⓑ major in

Ⓒ sit in on   Ⓓ register for

2 The word **advisor** is closest in meaning to

Ⓐ credit   Ⓑ teaching assistant

Ⓒ supervising professor   Ⓓ course offerings

3 The word **elective** is closest in meaning to

(A) required   (B) optional

(C) intermediate   (D) advanced

....

訳 男性：授業登録は明日だね。今学期はどの開講科目を登録するかもう決めた？

女性：ううん。でも今日の午後，**指導教授**と面談して，登録用紙に先生のサインをもらわなくてはいけないのよ。だから早く決めなくてはと思ってるの。あといくつか**選択科目**を取りたいんだけど，美術とか心理学とか。でも今年卒業する気なら，専攻の必修科目を片づけなくてはいけないの。

男性：僕もだよ。卒業に必要な単位数は既にそろっているんだけど，「論文作成Ⅱ」がまだなんだ。おまけに，これは卒業要件ときてるし！

1 正解 (D) 登録する

sign up for は履修を希望する科目を「登録する」。同義表現は (D) register for。名詞形は registration「登録」。(A) add は「加える」だが，授業登録の文脈では，「授業を追加登録する」の意味。(B) major in は「専攻する」。名詞で「専攻」や「専攻生」として使うこともある。a philosophy major なら「哲学専攻生」。(C) sit in on は正規の参加や受講をせずに，授業や討論会などを見学者として「見学する，参観する」。似た表現に audit「（大学の講義）を聴講する」がある。

2 正解 (C) 指導教授

advisor の同義表現は (C) supervising professor「指導（担当）教授」である。advisor は一般に「助言者」を意味するが，大学では「指導教授（教官）」のこと。アメリカの大学では各学生にアドバイザーが付き，研究や論文に関してだけでなく，勉強方法や生活上の問題，また卒業後の進路といった一般的な相談にも応じてくれる。アドバイザーに付く学生は advisee と呼ばれ，文字通りには「アドバイスを受ける人」の意味。(A) credit は授業の「単位」。(B) teaching assistant は「ティーチングアシスタント（教育指導助手）」，(D) course offerings は「開講科目」のこと。

3 正解 (B) 選択（科目）

elective は「選択の」。elective course「選択科目」とは，自分の専攻に必要な (A) required「必修（必須）の」科目に加えて，自分の関心に応じて，一定数，任意で受講する科目のこと。同義表現は (B) optional「選択の」である。アメリカでは elective，イギリスでは optional が一般的。(C) intermediate「中級の」，(D) advanced「上級の」は科目のレベルを表す。

03 Classes and Labs
授業と実験

授業登録を済ませ，本格的に学期が始まれば，毎日授業に追われるのがアメリカの大学の日常です。理系専攻であれば講義の他に実験などもこなさねばなりません。課題の量や，レポートの多さに時にはくじけそうになってしまうこともあるかもしれません。でもそんなときにも親身に悩みを聞き，助言してくれる教授や友人がいれば安心です。

🔊 **track 51**

M: Professor Snyder, is this your office hour? I wanted to ask you a few questions about the course requirements for your **seminar** in analytical chemistry next term.

W: Sure, come in. This is my office hour. First, let me give you a **syllabus** for the seminar. It lists the assignments, the readings, and the lab schedule. You should know that **attendance** is quite important for this seminar—I don't tolerate unexcused absences—and that each week there are two labs which are supervised by a TA. I assume you've taken the prerequisites and the introductory courses.

M: Yes, I have. At this point, I'm really looking forward to using the new lab equipment and getting more experience designing experiments.

1 The word **seminar** is closest in meaning to

Ⓐ prerequisite Ⓑ elective

Ⓒ introductory course Ⓓ high-level course

2 The word **syllabus** is closest in meaning to

Ⓐ office schedule Ⓑ course plan

Ⓒ graduation requirements Ⓓ TA

3 The word **attendance** is closest in meaning to

(A) being absent   (B) being present

(C) being tardy   (D) being overdue

....

訳 男性：スナイダー教授，いまオフィスアワーですか。来学期，先生が担当される分析化学ゼミの単位取得要件についていくつか質問があるのですが。

女性：どうぞ，入ってください。オフィスアワー中ですから。まず，そのゼミのシラバスをあげましょう。課題と，教材として使う書籍，それから実験の予定はこれに載っています。このゼミは出席重視だと知っておいてください。無断欠席は認めませんよ。それから毎週2回，TA（教育指導助手）が担当する実験があります。基礎必須科目と概論コースはもう履修が済んでいますよね。

男性：はい。今は，新しい実験器材を使ったり，実験設計の経験を積んだりできるのが，とても楽しみです。

1 正解 **D** ゼミ

seminar は「セミナー」と発音するが，日本の大学の「ゼミ」のこと。「ゼミ」はドイツ語の「ゼミナール」の略称。少人数の学生が教授を囲み，発表・討論などを中心に行う授業スタイルのこと。一般に，大人数の講義形式のクラスよりも，発展的な内容を扱う。よって，**D** high-level course「上級レベルコース」と言い換えられる。**A** prerequisite は「基礎必須科目」，**B** elective は「選択科目」，**C** introductory course は「入門［概論］コース」。

2 正解 **B** シラバス（授業概要）

syllabus とは「授業概要」のこと。通例，科目の授業日程，課題，成績評価方法，指定教材などが掲載されている。言い換えれば，**B** course plan「科目プラン」である。**A** office schedule は「事務室の業務時間」，**C** graduation requirements は「卒業要件」，**D** TA は前項でも出てきた teaching assistant「ティーチングアシスタント（教育指導助手）」の略称。

3 正解 **B** 出席

attendance「出席」を言い換えれば，**B** being present「出席（していること）」である。この対義表現は **A** being absent「欠席（していること）」。多くの授業では，出席率は直接成績を左右し，欠席が規定回数を上回ると単位がもらえないこともある。**C** being tardy は「遅刻（していること）」，**D** being overdue は図書館の本などが「延滞（していること）」。

04 Assignments
課題

課題が多過ぎると学生たちが不平を漏らすのは日本も海外も同じ。しかし，アメリカの学生たちは，課題の量をぼやきつつも，どこか少し得意げに見えることも。膨大なリーディングやレポートにチャレンジする自分を誇りに思っているからかもしれません。アメリカの大学でsurvive「生き残る」ためには，誠実な学習姿勢とともに，強い精神力や要領の良さも欠かせません。

🔈 track 52

M: I thought this was a writing course. I can't believe how many assigned readings we have in a composition class, besides the **papers** that are due every week on Friday.

W: Yeah, and there're even presentations, not to mention a mid-term and final exam. And Professor Wittenburg expects all of our essays and reports to be **submitted** by the **due date**—he says he won't grant extensions except for medical reasons. I think this is going to be a long term.

M: Me, too.

---

1 The word **paper** is closest in meaning to

    Ⓐ table of contents   Ⓑ essay
    Ⓒ reading assignment   Ⓓ index

2 The word **submit** is closest in meaning to

    Ⓐ apply   Ⓑ report
    Ⓒ request an extension   Ⓓ hand in

3 The phrase **due date** is closest in meaning to

    Ⓐ deadline   Ⓑ periodical
    Ⓒ mid-term   Ⓓ appendix

訳 男性：これって論文作成の科目だと思ってたのに。文章作成のクラスでこんなにリーディングの課題があるなんて信じられないよ。おまけに毎週金曜日提出のレポートまであるし。

女性：そうよね。プレゼンテーションまであるし，当然ながら中間テストと期末テストも。しかもウィッテンバーグ教授ときたら，論文もレポートもすべて提出の**締め切り日**は厳守で，健康上の理由以外には，締め切りの延長は認めないって言ってるのよ。今学期は先が思いやられるわ。

男性：僕もだよ。

---

1 正解 **B** レポート

ここでの paper は「紙」や「新聞」ではなく，「レポート，論文」のこと。同義表現は **B** essay。日本語でいう「エッセイ」＝「随筆」ではないので勘違いしないように。**A** table of contents は書籍や論文の巻頭にある「目次」。これに対して **D** index は巻末にある「索引」。**C** reading assignment は，テキストや参考文献の指定範囲を読んでくる「予習課題」のこと。

---

2 正解 **D** 提出する

submit はレポートなどを「提出する」。同義表現となる **D** hand in は She handed in her assignment.「彼女は課題を提出した」のように用いる。**A** apply は apply to で進学希望先や就職希望先に「出願する」や, apply for で奨学金などを「申請する」の意味。**B** report は動詞なら「報告する」，名詞なら「レポート，報告書」。**C** request an extension は課題提出の締め切り期限の「延期を要請する」。なお extension にはこれとは別に，大学の「公開講座，課外講座」の意味もある。

---

3 正解 **A** 締め切り日

due date とは，図書館の本なら「返却日」，レポートなら「提出期限，締め切り日」のこと。同義語は **A** deadline。文字通りには「死線」つまり「越えてはならない線」だが，転じて「締め切り期限」の意味。**B** periodical は「定期刊行物」，**C** midterm は「中間の；中間試験」，**D** appendix は書籍などの「巻末付録・付表」。

APPENDIX

05 Exams
試験

アメリカの大学は日本の大学よりたいてい学期が短く，学期ごとの履修科目数も少なめです。一見楽に思えるかもしれませんが，試験の回数を考えるとそうではありません。3学期制の大学で各学期4種の授業を取ると，中間試験と期末試験が各12回，合計24回も試験があります。加えて，毎日の課題や毎週の小レポートなども。試験のスコアが成績（GPA）に直結し，GPAは奨学金の獲得や大学院への進学，就職活動をも左右するので，毎日の勉強に手抜きは禁物なのです。

🔊 track 53

M: I have four final exams next week. My history class has a closed-book, short-answer test. There will be so many facts to write about. In my health class, there's a **multiple-choice test**, full of matching and true-false questions. I'll have to review the textbook completely.

F: I've got four, too. One is a **take-home test**. We have to do it at home, and do additional research, which can take hours!

M: Well, at least it's not an **open-book test** in class. You get to bring your textbooks and notes, but that's because the questions are much more difficult. Writing answers under time pressure is really stressful.

F: I guess all we can do is study and try our best.

1 The phrase **multiple-choice test** is closest in meaning to

 Ⓐ a fill-in-the-blank test
 Ⓑ a comprehensive review with many sections
 Ⓒ a mid-term test
 Ⓓ a select-the-correct-answer exam

2 The phrase **take-home test** is closest in meaning to

 Ⓐ a placement test
 Ⓑ a qualifying exam
 Ⓒ a test that you do outside of the classroom
 Ⓓ an exam that is facilitated online

3 The phrase **open-book test** is closest in meaning to

    Ⓐ a test in which you can refer to your text material and notes
    Ⓑ an unofficial exam
    Ⓒ an exam composed of questions that come from the book
    Ⓓ a chapter review test

訳 男性：来週4つも期末テストがあるよ。歴史の授業は教科書持ち込み不可の，短答式テスト。記述することがいっぱいだろうな。保健の授業は**多肢選択式テスト**で，組み合わせ式と真偽判定式の問題がたくさん。教科書を全部見直さなきゃ。
    女性：私も4つで，1つは**自宅解答式テスト**。自宅でやらないといけなくて，追加で調べることもあるから，すごく時間がかかることもある！
    男性：まあ，少なくとも教室での**教科書持ち込み可のテスト**ではないからね。教科書とノートを持ち込めるけど，それは問題がはるかに難しいからなんだよね。時間のプレッシャーを感じながら答えを書くのは，すごくストレスを感じるよ。
    女性：勉強して精一杯頑張るしかないよね。

1 正解 Ⓓ 多肢選択式テスト

multiple-choice test とは choice「選択肢」が multiple「複数」あるテスト形式。すなわち複数の選択肢から Ⓓ a select-the-correct-answer exam「正しい答えを選択する試験」のこと。日本語で言うところの四択や三択などの「択一式問題」。Ⓐ a fill-in-the-blank test は「空所補充式テスト」，Ⓑ a comprehensive review with many sections は「セクションがたくさんある総復習」，Ⓒ a mid-term test は「中間試験」の意味。

2 正解 Ⓒ 自宅解答式テスト

take-home test とは文字通りには「自宅（自室）に持ち帰るテスト」，つまり Ⓒ a test that you do outside of the classroom「教室の外で解答するテスト」のこと。Ⓐ a placement test は「クラス（レベル）分けテスト」，Ⓑ a qualifying exam は「資格審査試験」，Ⓓ an exam that is facilitated online は「オンラインで実施される試験」。

3 正解 Ⓐ 教科書持ち込み可のテスト

open-book test とは文字通りには「本を開いてもよいテスト」の意味。具体的には Ⓐ a test in which you can refer to your text material and notes「自分の教科書類やノートを参照できるテスト」のこと。Ⓑ an unofficial exam は「非公式の試験」，Ⓒ an exam composed of questions that come from the book は「教科書から出題される設問で構成されている試験」，Ⓓ a chapter review test は「章の復習テスト」の意味。

06 Writing a Paper
レポート作成

レポートは学年末に一度だけとは限りません。アメリカの大学では毎学期，複数回のレポート提出が求められるのが一般的です。クラスによっては毎週，小レポートが義務づけられることも。もちろんレポートはただの感想文ではありません。構成，書式，文体など，学術論文作成の基本ルールに従ったものでなくてはなりません。レポート作成は確かに大変ですが，クラス内での発言が苦手な留学生にとっては，成績アップや自己アピールのチャンスでもあります。

🔊 **track 54**

W: Professor Hawkins, I really appreciate the feedback you gave me on my paper, but I'd like to ask you a few more questions about my **thesis statement** and how I can improve my supporting points and **evidence**.

M: Of course, Kathy. First, let me say that your organization is good—clear introduction, body, and conclusion. And your **argument** is fairly solid, but I think you could strengthen your evidence by adding some quotations from experts, or at least paraphrasing or summarizing some research by other authors to support your points. In other words, you need to expand your sources, and, of course, be sure to include a works cited page to show which sources you used.

1 The phrase **thesis statement** is closest in meaning to

  Ⓐ body   Ⓑ outline

  Ⓒ main point   Ⓓ works cited

2 The word **evidence** is closest in meaning to

  Ⓐ information used to support an argument

  Ⓑ references cited in a bibliography

  Ⓒ the sections of a doctoral dissertation

  Ⓓ the organization of an essay

3 The word **argument** is closest in meaning to

- (A) a paraphrase from a source
- (B) a disagreement between two people
- (C) a quotation from an expert
- (D) a position supported by reasons

....

訳 女性：ホーキンズ先生，レポートのコメント，どうもありがとうございました。ただ，私の主要論点や，どうしたら補足材料や論拠をより良くできるかについて，もう少し質問させていただきたいのですが。

男性：もちろんいいですよ，キャシー。まず言えるのは，あなたのレポートの構成はよくできている，ということですね。序論，本論，結論と，明確ですし。それから主張の展開もしっかりしています。ただ，専門家の引用を加えたり，あるいは少なくとも，他の著者の研究を別の言葉で言い換えたり，要約したりして論点を補強すれば，さらに論拠を強められると思いますよ。言い換えれば，使う資料をもっと増やす，ということですね。もちろん，どの資料を使ったかを示すのに，引用文献ページを含めるのは，忘れてはいけませんよ。

1 正解 (C) 主要論点

thesis statement は「主要論点」，すなわち論文やレポートにおいて自分が最も中心的に主張したい見解のこと。言い換えれば，(C) main point「中心的な論点」である。(A) body, (B) outline, (D) works cited は，それぞれ論文の「本論」，「概略」，「引用文献」。

2 正解 (A) 論拠

evidence は「論拠，証拠」なので，(A) information used to support an argument「主張を裏付けるために用いられる情報」と説明できる。(B) references cited in a bibliography は「文献一覧に挙げられている参考文献」，(C) the sections of a doctoral dissertation は「博士論文の節」，(D) the organization of an essay は「論文の構成」の意味。

3 正解 (D) 主張

argument は通例「議論」だが，他の人との口頭での意見交換に限らず，論文や口頭発表での「主張，論点」の意味でも用いる。学術的な主張には当然，説得力のある論拠が必要なので，言い換えるなら (D) a position supported by reasons「理由に裏付けられた立場」となる。(A) a paraphrase from a source は「引用文献を別の言葉で言い換えたもの」，(B) a disagreement between two people は「両者の見解の相違」，(C) a quotation from an expert は「専門家の著作からの引用」。

07 **Library**
図書館

教室と並んで，キャンパスライフの中心を占めるのが図書館です。図書館は本の閲覧や貸し出しだけでなく，レポート作成のためのリサーチをしたり，授業の予習や復習をしたりする場所でもあります。ハーバード大学やペンシルベニア大学など，専門性の高い大学院を併設している大学になると，専門分野別に複数の図書館があることも。中には24時間開館している図書館まであります。もちろん「本の森」で迷子にならないための，各種のサポートサービスも充実しています。

◀ **track 55**

M: I'm sorry but this book is **overdue** and I was wondering if I could **renew** it.

W: Let's see. It's only one day late. Yes, you can check the **volume** out again—it will be due back in two weeks.

M: And is it possible to check out academic journals?

W: No, not usually. But I suggest you go to the periodical section, find the issue of the journal you need, and then ask at the reference desk. Sometimes you can check out a periodical for a short time. Of course, if we don't have the periodical you want, you should be able to get a copy of the article you need through the inter-library loan service.

1 The word **overdue** is closest in meaning to

Ⓐ lost   Ⓑ late

Ⓒ on order   Ⓓ out of print

2 The word **renew** is closest in meaning to

Ⓐ return   Ⓑ reserve

Ⓒ put on hold   Ⓓ check out again

3 The word **volume** is closest in meaning to

(A) amount of required reading
(B) the library's reference desk
(C) the inter-library loan service
(D) a copy of a book

....

訳 男性：すみませんが，この本，延滞になっているので，できれば更新したいのですが。
女性：確認してみましょう。延滞は１日だけですね。ええ，その本はまた貸し出しできますよ。貸し出し期間は２週間です。
男性：それから，学術雑誌を借り出すことはできますか。
女性：いいえ，通常はできません。でも，定期刊行物セクションに行って，必要な雑誌の号を見つけて，それからレファレンスカウンターで聞いてみるといいですよ。雑誌でも短期間なら貸し出せることもありますので。もちろん，ほしい雑誌がこの図書館にない場合には，図書館間貸し出しサービスで，必要な記事のコピーを入手できるはずですよ。

1 正解 (B) 延滞している

overdue は「期限の過ぎた」の意味なので，支払いなら「未払いの」，借り出した本なら「延滞している」となる。簡単に言い換えれば，返却が (B) late「遅れている」となる。(A) lost は「紛失した」（ちなみに，lost and found は「遺失物取扱所，忘れ物預かり所」），(C) on order は「注文中の」，(D) out of print は「絶版の」。

2 正解 (D) 更新する

renew は語源的には re-「再び」＋ new「新たな」状態にする，つまり「刷新する」。図書館では本の貸出期間を「更新する，延長する」。同義表現は (D) check out again「再び借り出す」。(A) return, (B) reserve は，それぞれ本を「返却する」，「予約する」。(C) put on hold は，電話口で人を「待たせる」，計画などを「延期する」。

3 正解 (D) 本

volume には全集などの「巻」や，定期刊行物を１年分まとめた「号」の他に，「本」の意味もある。よって同義表現は (D) a copy of a book「本１冊」である。なお，この copy は「複写」ではなく，本の「部，冊」の意味。my copy なら「自分が所有している本」の意味。(A) amount of required reading は「予習課題の量」，(B) the library's reference desk は「図書館のレファレンスカウンター」，(C) the inter-library loan service は「図書館間貸し出しサービス」。

08 Field Trips
フィールドトリップ

日本の大学と同様，アメリカでも大学の授業の多くは，学内の教室や講堂で行われます。しかし専攻分野や授業のタイプによっては，キャンパスの外に足を運ぶことも少なくありません。このように大学の外に出て，直接自分の目で見たり耳で聞いたりする体験型の学習の機会を一般にfield trip「フィールドトリップ」と呼びます。fieldは生物学分野なら文字通り「原っぱ」での自然観察の場合もありますが，社会学や人類学なら街中での現地調査，人文系分野なら美術館や博物館の訪問なども含まれます。

🔊 track 56

M: Professor Suzuki, I was wondering about the **field trip** for our biology class next Saturday. What is its purpose?

F: Well, rather than just studying and learning information from our biology textbook, we are going to **gather data** firsthand in the state forest.

M: Like what do you mean?

F: We will identify several kinds of trees in a specific part of the forest—in other words, learn how to **classify** types—and then estimate how many species there are and what is their health condition.

---

1 The phrase **field trip** is closest in meaning to

   Ⓐ work in a laboratory

   Ⓑ required assignment

   Ⓒ school vacation

   Ⓓ research outside the classroom

2 The phrase **gather data** is closest in meaning to

   Ⓐ collect information   Ⓑ have a party

   Ⓒ analyze an experiment   Ⓓ complete a project

3 The word **classify** is closest in meaning to

(A) criticize   (B) categorize

(C) combine   (D) conduct

....

訳 男性：鈴木教授，今度の土曜の生物学のクラスのフィールドトリップについて質問があるのですが，その目的は何ですか。

女性：そうですね，生物学の教科書で勉強したり，情報を得たりするだけでなく，州所有の森林でじかにデータを集めるのです。

男性：例えばどんな，でしょうか。

女性：森林の特定の場所にある何種類かの樹木を識別するつもりです。つまり分類方法を学ぶわけです。それから種目の数や，その生育状況を推定します。

1 正解 **D** フィールドトリップ

field trip は一般的には「遠足，修学旅行，調査旅行」だが，この会話は生物学の授業についてなので **D** research outside the classroom「教室の外でのリサーチ（研究）」のこと。trip を単なる「旅行」と勘違いすると，間違った連想で **C** school vacation「学校の休暇」を選んでしまうかもしれない。**A** work in a laboratory は「実験室内での研究」，**B** required assignment は「（課された）課題」。

2 正解 **A** データを集める

gather data「データを集める」とは，言い換えれば **A** collect information「情報を集める」である。gather を「集まる，集う」（自動詞）と勘違いすると **B** have a party「パーティーを開く」に引っかかってしまうかもしれない。**C** analyze an experiment は「実験を分析する」，**D** complete a project は「プロジェクトを完成する」。

3 正解 **B** 分類する

classify とは事物を class「種類，部類」に分けることなので，言い換えれば **B** categorize「分類する」である。**A** criticize は「批判；批評する」，**C** combine は「組み合わせる」，**D** conduct は「実施する」。なお class には「学級，授業」の意味もあるが，これは元来「クラス」が学生を年齢やレベルによって分類した単位であることに由来する。ただし日本語の「クラス」とは異なり，英語の class には「教室」という場所の意味はない。よって go to class は厳密には「教室に行く」ではなく「授業に出る」の意味。

09 Dorm Life
寮生活

アメリカの大学では一般に，学生，特に1，2年生は，学内の寮に住むことを奨励されます。アマースト大学やウィリアムズ大学など，少数精鋭型のリベラルアーツカレッジになると，ほとんどは全寮制です。寝食をともにして人間的にも成長するというのが理念なのです。しかし寮と言っても様々です。男女別，学年別の伝統的な寮以外に，夫婦寮，男女共用の寮や，ボランティア系，芸術系，人種・宗教系など，テーマや目的別の寮などもあります。

🔊 **track 57**

M: You want to head over to the cafeteria for something to eat?

W: I can't. Our R.A. asked me to help get the common area ready for tonight's **dorm** party. It's going to be a really big event—freshmen, **sophomores**, juniors, seniors, and even some alumni might show up.

M: Yeah, I heard about that. I might even stop by, myself, if I can.

W: That'd be great, Tom. Now that our residence hall has changed from a single-sex dorm to a **coed hall**, it's great that anyone can join the party, regardless of gender. You should invite your friends, too, if you'd like.

1 | The word **dorm** is closest in meaning to

- Ⓐ residence hall
- Ⓑ common area
- Ⓒ cafeteria
- Ⓓ housing office

2 | The word **sophomore** is closest in meaning to

- Ⓐ first-year student
- Ⓑ second-year student
- Ⓒ third-year student
- Ⓓ fourth-year student

3 | The phrase **coed hall** is closest in meaning to

- Ⓐ single-sex housing
- Ⓑ mixed-gender dorm
- Ⓒ multi-purpose classroom
- Ⓓ multi-use apartment

訳 男性：何か食べにカフェテリアに行かない？
　　 女性：無理。うちの R.A.（Resident Assistant = 住み込みサポーター）に頼まれて，今晩の寮のパーティーのために共有スペースの準備を手伝わなくちゃならないから。きっと盛り上がるよ。1，2，3，4 年生はもちろん，卒業生まで来るかもしれないし。
　　 男性：うん，そう聞いている。都合がつけば，僕も顔を出そうかな。
　　 女性：そうしてもらえるとうれしいな，トム。うちの居住棟は男女別から**男女共用寮**に変わったから，うれしいことに，パーティーには性別を問わず，誰でも参加できるからね。もしよければ，ぜひ友達も誘ってみて。

1 正解 Ⓐ 寮

dorm は dormitory「寮，寄宿舎」の略称。言い換えれば，女性が 2 つ目の発言で言っている Ⓐ residence hall「居住棟」である。Ⓑ common area は寮のラウンジ，娯楽室などの「共用エリア」，Ⓒ cafeteria は「大学食堂，学食」のこと。Ⓓ housing office は寮の管理や，学外アパートの紹介にあたる「住居担当事務室」。

2 正解 Ⓑ 2 年生

アメリカの四年制大学の場合，「1〜4 年生」はそれぞれ freshman, sophomore, junior, senior と呼ばれる。言い換えれば，順に Ⓐ first-year student, Ⓑ second-year student, Ⓒ third-year student, Ⓓ fourth-year student である。なお，freshman は -man が付くため差別的とされることがあり，最近では first-year student が一般的。

3 正解 Ⓑ 男女共用寮

coed は coeducational の略で「男女共学の」の意味。coed school なら「（男女）共学校」，coed hall なら「男女共用寮棟」の意味。言い換えれば，Ⓑ mixed-gender dorm となる。もっとも男女共用と言っても，男女が一室を共有することはほとんどない。しかし，同フロアや同ブロックに男子部屋と女子部屋が並んでいることはよくある。Ⓐ single-sex housing は「男子寮」もしくは「女子寮」のこと。Ⓒ multi-purpose classroom は「多目的教室」，Ⓓ multi-use apartment は「多目的アパート」。

APPENDIX 1

10 Holidays
休暇

学期中の勉強が忙しい分，アメリカの大学生は週末や，季節ごとの休暇が来るのを心待ちにしています。週末は学内外でのパーティや各種イベント，映画や外食などが一般的な過ごし方。勉強や競争社会のプレッシャーのせいなのか，中には羽目を外し過ぎて大騒ぎする学生もいます。長期休暇では，企業でのインターンシップに参加したり，バックパックで海外旅行に出かけたり，アルバイトで学費を稼いだりと，過ごし方は人それぞれです。

🔊 **track** 58

W: Any plans for the weekend?

M: Nah. I've got to study for final exams. With this trimester system it seems like we've always got **mid-terms** or finals. Fall, winter, spring, three terms are too many. And then, if you miss one of your requirements you have to stick around and take a course during summer session, too! Give me a **semester** system any day.

W: I see your point. I guess the bad news is that winter term is almost finished and we've got tests, but the good news is that we can get out of here for spring **break**. I don't know about you, but I'm going to the beach.

1 The word **mid-term** is closest in meaning to

- Ⓐ the exam at the end of a lecture series
- Ⓑ a partially completed assignment
- Ⓒ a test halfway through a course
- Ⓓ the first part of the winter holiday season

2 The word **semester** is closest in meaning to

- Ⓐ trimester
- Ⓑ one of the two terms in a year
- Ⓒ summer session
- Ⓓ registration

3 The word **break** is closest in meaning to

Ⓐ finals   Ⓑ mid-term

Ⓒ vacation   Ⓓ graduation

....

訳 女性：週末は何か予定があるの？

男性：いや。期末テストに備えて勉強しなきゃ。3学期制だと年中，**中間テスト**や期末テストがあるみたいだよ。秋学期に，冬学期に，春学期…3学期は多過ぎるよ。おまけに必修科目を1つでも落とした日には，（キャンパスに）残ってサマーセッション中に授業を受ける羽目にもなるし！ **2学期制**の方がいいな。

女性：その気持ちは分かるわ。残念ながら，冬学期は残りわずかだし，テストもあるけど，でもうれしいのは，**春休み**にはここから脱出できるってことよ。あなたはどうするか知らないけど，私はビーチに行くつもりよ。

1 正解 Ⓒ 中間試験

mid-term は文字通りには「学期半ば」だが，ここでは「中間試験」，つまり Ⓒ a test halfway through a course「科目の半ばに実施される試験」のこと。これに対して final は「期末試験」，つまり Ⓐ the exam at the end of a lecture series「一連の講義の終了時に実施される最終試験」。Ⓑ a partially completed assignment は「未完成の課題」，Ⓓ the first part of the winter holiday season は「冬期休暇期間の前半」の意味。

2 正解 Ⓑ （2学期制の）学期

semester は「（2学期制の）学期」のこと。アメリカの大学では通例，9月から1月までが the first [fall] semester「第1［秋］学期」なので，Ⓑ one of the two terms in a year「1年の2学期の1つ」が同義。2月から6月までは the second [spring] semester「第2［春］学期」に相当する。これに対して，Ⓐ trimester は「3学期制」またはその「1学期」のこと。Ⓒ summer session は「サマーセッション（夏期に開講される集中講義）」，Ⓓ registration は「履修登録」。

3 正解 Ⓒ 休暇

break は「休暇」の意味。coffee break「コーヒーブレーク」など短い休憩時間の他，夏休みなど長期の休みも含む。言い換えれば，Ⓒ vacation「休暇」。一部の大学では spring break「春休み」にビーチなどに旅行に行く習慣がある。Ⓐ finals, Ⓓ mid-term は，それぞれ「期末試験」，「中間試験」のこと。Ⓓ graduation は「卒業」。

11 Extracurricular & Social Life
課外活動と友達付き合い

アメリカでは優等生と言えば，勉強だけでなく，スポーツやクラブ活動にも熱心で，かつクラスメートから信頼される学生のこと。日本で言うならさしずめ「文武両道」と言ったところです。授業の宿題だけでも大変なのに，複数のサークル活動を掛け持ちし，その上，パーティにもまめに顔を出すなど，アメリカの大学生活にはかなりのバイタリティが必要です。金曜の晩に部屋に引きこもって勉強などしていようものなら，anti-social「付き合いが悪い」などと言われてしまいます。

🔊 **track 59**

W: Hey Jack, do you remember where the **homecoming** dance is this evening—the **student union** or the sports arena?

M: I'm not sure. I can't participate much in the homecoming activities this fall because I'm on the debate team. I can't even make it to the football stadium for the game this afternoon—we've got a big **interscholastic** tournament today. Teams from about ten other schools are coming.

W: I'm sorry to hear that. I'm going to miss the game, too, because we're putting on a play next month in the drama society, so I've got practice. But you can bet I won't miss the dance tonight.

1 The word **homecoming** is closest in meaning to

    Ⓐ fall festival   Ⓑ winter break
    Ⓒ summer session   Ⓓ dorm party

2 The phrase **student union** is closest in meaning to

    Ⓐ university club   Ⓑ student association
    Ⓒ student center   Ⓓ alumni office

3 The word **interscholastic** is closest in meaning to

Ⓐ intramural   Ⓑ faculty

Ⓒ within the university   Ⓓ intercollegiate

....

訳 女性：ねえジャック，今晩のホームカミングのダンスパーティ，どこでやるんだったか覚えてる？　**学生会館**，それともスポーツアリーナ？

男性：知らないな。この秋はホームカミング関係の行事にはあんまり参加できないんだよ。ディベートチームに入っているからね。フットボール・スタジアムに足を運んで，午後の試合を見ることさえできないよ。今日は大きな**大学対抗の**トーナメントがあるんだ。他大学10校くらいのチームが来るんだよ。

女性：それは残念ね。私も試合には行けないの。演劇部で来月，上演があって，その稽古があるのよ。でも今晩のダンスパーティだけは絶対，逃せないわ。

1 正解 Ⓐ　ホームカミング

homecoming とは日本で言う「学園祭，文化祭」のこと。通例，9月頃に開催されるので，Ⓐ fall festival「秋祭り」と呼ばれることも。たいていアメリカンフットボールのホームゲームが行われ，卒業生も母校の応援に駆けつけるので，同窓会的なお祭りとなる。Ⓑ winter break は「冬休み」，Ⓒ summer session は「サマーセッション」，Ⓓ dorm party は「寮祭」。

2 正解 Ⓒ　学生会館

student union はここでは「学生会館」のこと。Ⓒ student center「学生センター」と言うことも。大きな大学になると，学生会館にはクラブ部室，売店，書店はもちろん，レストラン，コンサートホール，ゲームセンター，映画館などが入っていることもある。Ⓐ university club は「大学のクラブ」，Ⓑ student association は「学生団体」，Ⓓ alumni office は「同窓会事務室」。

3 正解 Ⓓ　学校対抗の

interscholastic は「学校対抗の」。ここでは大学での会話中なので，Ⓓ intercollegiate「大学対抗の」が同義となる。両語に含まれる inter- は「…間の」を意味する接頭辞で，international「国際的な」や，日本語の「インターハイ」（全国高等学校総合体育大会）にも含まれている。これに対して intra- は「　内の」で，Ⓐ intramural は「学内の」の意味。この同義にあたるのが Ⓒ within the university「大学内の」。Ⓑ faculty は「教授陣」のこと。

12 Financial Aid
学資援助

学内の寮で生活しながら授業に出席するアメリカの大学生。tuition「授業料」に加えてroom and board「寮費と食費」もかかります。さらに毎学期のテキスト代も，コースによっては数百ドル以上もかかることも。しかし一定以上の学力と熱意さえあれば，各種の奨学金や貸付金，学内アルバイトなどを利用できます。奨学金などの財源は大学の資産運用や，卒業生たちからの寄付によって捻出されます。

🔊 track 60

M: I'm here to see about possible **financial aid**. I have a partial scholarship, but it's not enough to cover my living expenses since I live off-campus in an apartment.

W: I see. Were you interested in applying for a student loan, or were you hoping to receive a **grant**?

M: If there were still some grant money available, that would be the best. I'm not sure how I can repay a student loan.

W: Well, you wouldn't actually have to repay it until after you graduate and start working. But, wait, listen. We also have some **work-study** programs that let you earn money by working on-campus.

---

1 The phrase **financial aid** is closest in meaning to

   Ⓐ monetary assistance
   Ⓑ government support for banks
   Ⓒ off-campus employment
   Ⓓ help in finding an apartment

2 The word **grant** is closest in meaning to

   Ⓐ a loan that can be paid in installments
   Ⓑ funds that need not be returned
   Ⓒ the wages from a part-time job
   Ⓓ a person's living expenses

3 The word **work-study** is closest in meaning to

Ⓐ a scholarship that pays for everything
Ⓑ workers who study part-time
Ⓒ a study program for businesspeople
Ⓓ on-campus employment for students

....

訳 男性：どんな**学資援助**を受けられるか知りたくて来たのですが。一部奨学金はもらっ
　　　　ているんですが，キャンパス外でアパートに住んでるので，生活費を賄うのに
　　　　は足りないんです。
　　　女性：そうですか。学生ローンの申請をしたいということですか，それとも**給付金**の
　　　　受給を希望しているのでしょうか。
　　　男性：もしまだ給付金がもらえそうなら，それがいちばん良いのですが。学生ローン
　　　　だと返済のめどが立たないので。
　　　女性：そうですね，実際は卒業して働き始めるまでは返済しなくてもいいんですよ。
　　　　でも，待ってください，これはどうですか。**学内アルバイト**制度もあるので，
　　　　学内で働いてお金を得ることもできますよ。

1 正解 Ⓐ 学資援助

financial aid とは一般に，Ⓐ monetary assistance「金銭的支援」の意味。大学では「学
資援助」のこと。後述の student loan，grant の両方が含まれる。Ⓑ government
support for banks は「銀行に対する政府の援助」，Ⓒ off-campus employment は「学外
での雇用」，Ⓓ help in finding an apartment は「アパート探しの手伝い」の意味。

2 正解 Ⓑ 給付金

一口に奨学金制度と言っても内容は様々。一般的に grant は「給付金」で，Ⓑ funds
that need not be returned「返還義務のない資金（学費）」が提供される。これに対して
student loan「学生ローン」は，Ⓐ「分割払いできる貸付金」のこと。Ⓒ は「アル
バイト代」，Ⓓ は「個人の生活費」の意味。

3 正解 Ⓓ 学内アルバイト

work-study とは文字通り「働きながら学ぶこと」。言い換えれば，Ⓓ on-campus
employment for students「学生のために用意されている，学内での雇用」，つまり「学
内アルバイト」のこと。Ⓐ は「すべてを賄える奨学金」，Ⓑ は「パートタイムで学
ぶ社会人」，Ⓒ は「ビジネスパーソン対象の学習プログラム」の意味。

13 Institutions and Degrees
大学制度と学位

アメリカには大きく分けて，universityとliberal arts collegeの2種類の大学があることはよく知られています。これらはレベルの違いではなく，規模や教育方針の違いです。大きなuniversityには通例，大学院があり，学生数は万単位，キャンパスは1つの街のようです。これに対してliberal arts collegeは数千人以下の学生数で，学部のみ，きめ細やかな教育指導が特徴です。

🔊 track 61

W: Jeff, I haven't seen you in ages. How have you been? Did you graduate from college yet?

M: Sure did. Got my B.S. in accounting last month. In September, I'll start my **grad school** program at a university in England. By this time next year, I should have my M.B.A. By the way, I heard your sister got her **M.D.** Congratulations! How about you? Still planning on becoming a chemistry professor?

W: Definitely. I just got accepted into the Ph.D. program in chemistry at Wallace University. You'll have your M.B.A. long before I get my **doctorate**, but I'll get there eventually.

1 The phrase **grad school** is closest in meaning to

    (A) postgraduate program   (B) junior college

    (C) community college   (D) the senior year of university

2 The word **M.D.** is closest in meaning to

    (A) the degree earned by a physicist

    (B) the degree earned by a pharmacist

    (C) the degree earned by a physician

    (D) the degree earned by a physical therapist

3 The word **doctorate** is closest in meaning to

    Ⓐ M.B.A.   Ⓑ B.A.

    Ⓒ M.S.   Ⓓ Ph.D.

訳 女性：ジェフ，すごく久しぶりよね。どうしてたの？　もう学部は卒業したの？

男性：したよ。先月，会計学の学士号を取ったよ。9 月にはイングランドの大学で**大学院課程**に進学さ。来年の今頃には MBA が取れているはずだよ。ところで，お姉さんが**医学博士号**を取ったんだってね。おめでとう！　君はどうなの？まだ化学の教授を目指してるのかい？

女性：もちろんよ。ウォレス大学の化学科博士課程に受かったところよ。私が**博士号**を取れるのは，あなたが MBA を取ったずっと後になるわね。でも，いつかきっと取るつもりよ。

1 正解 Ⓐ 大学院

grad school は graduate school「大学院」の略称。Ⓐ postgraduate program と言うことも。post- は「後の，次の」を表す接頭辞なので，postgraduate は文字通りには「（学部）卒業後に進学する課程」。これに対して「学部」は undergraduate と言う。Ⓑ junior college は日本で言う「短期大学」，Ⓒ community college は自治体が運営する「市民大学」，Ⓓ the senior year of university は「大学の 4 年生」の意味。

2 正解 Ⓒ 医学博士号

M.D. は Doctor of Medicine「医学博士号」の略称。つまり Ⓒ the degree earned by a physician「医師が取得する学位」のこと。Ⓐ physicist，Ⓑ pharmacist，Ⓓ physical therapist は，順に「物理学者」，「薬剤師」，「理学療法士」。

3 正解 Ⓓ 博士号

doctorate は「博士号」のことで，Ⓓ Ph.D. とも言う。Ph.D. は文字通りには Doctor of Philosophy「哲学博士」だが，この philosophy は「高等の学問」の意味で，分野を問わない。Ⓐ M.B.A. は Master of Business Administration「経営学修士」，Ⓑ B.A. は Bachelor of Arts「教養（文系）学士」，Ⓒ M.S. は Master of Science「理学修士」のこと。

14 Job-hunting
就職活動

アメリカの大学では，就職活動の仕方も様々です。名門校の成績優秀な学生は引く手あまた。待っているだけで，企業のリクルーターがキャンパスまで面接に来てくれることも。面接以外にも，学業成績や取得学位も重視されます。アメリカの大学生が総じて勉強熱心なのは，キャリア指向のためという面もあります。日本と変わらず，学生は一生懸命に就職活動をしますが，アメリカ企業の多くは終身雇用制度ではないので，就職は必ずしも一生を決める選択ではありません。就職先で経験を積みながら，転職のたびにキャリアアップを目指すのが一般的です。

🔊 track 62

M: I'm having a tough time finding a job for after I graduate. You've already got a job lined up, right? Any tips for me?

W: I got my job through the summer **internship** I did last year. They already knew me, so I didn't even have to fill out a job application.

M: Wow, you're lucky. I can't even get the recruiters to talk to me. I'm so desperate that I took a career counseling seminar held by the student placement office—not that it helped much.

W: Well, don't give up. The main thing is to get your **C.V.** in order and to be sure to have strong letters from your **references**. You'll also want to practice your interviewing techniques.

1 The word **internship** is closest in meaning to

  Ⓐ job recruitment   Ⓑ career counseling
  Ⓒ OJT for students   Ⓓ job placement

2 The word **C.V.** is closest in meaning to

  Ⓐ application   Ⓑ résumé
  Ⓒ interview   Ⓓ occupation

3 The word **reference** is closest in meaning to

(A) a person who recommends you

(B) a book of information

(C) a university degree

(D) a college seminar

....

訳　男性：卒業後の就職先探し，苦戦中だよ。君はもう決まってるんだよね？　何かコツ
　　　　でも教えてくれない？
　　女性：私の場合，去年の夏の**インターンシップ**が就職につながったのよ。会社の方で
　　　　はもう私のことを知っていたから，応募書類の記入さえ要らなかったわ。
　　男性：えー，ラッキーだね。僕なんか人事担当者に相手にさえしてもらえてないよ。
　　　　すごく焦って，就職支援課主催のキャリアカウンセリングセミナーも受講した
　　　　よ。大して役には立たなかったけどね。
　　女性：とにかく，あきらめちゃだめよ。肝心なのは，**履歴書**をきちんと準備して，推
　　　　薦者からしっかりした推薦状を書いてもらうことよ。それから面接を受けると
　　　　きのテクニックも練習しておくことね。

1 正解 (C) インターンシップ

internship とは，学生が大学在学中に“見習生”として企業に体験入社する制度のこと。学
生にとっては，(C) OJT の機会である。OJT とは On-the-Job Training の略称で，「実地
で仕事をしながらの研修訓練」のこと。(A) job recruitment は「社員募集［採用］」，(B)
career counseling は「就職［進路］相談」，(D) job placement は「就職紹介［斡旋］」。

2 正解 (B) 履歴書

C.V. はラテン語の curriculum vitae「人生の歩み」の略称。つまり (B) résumé「履歴
書」のこと。résumé には他に口頭発表時などに配布する「概要，レジュメ」の意味も
ある。フランス語由来で [rézəmèɪ]「レザメイ」と発音する。(A) application は「申請
（書）」，(C) interview は「面接」，(D) occupation は「職業」の意味。

3 正解 (A) 推薦者

reference には「参考資料」の他に「推薦状，照会状」や，これらを書いてくれる「推
薦者，保証人」の意味もある。つまり (A) a person who recommends you「自分を推
薦してくれる人」のこと。(B) a book of information は「情報を掲載している書物」，
つまり reference book「参考図書」。(C) a university degree は「大学卒業の学位」，
(D) a college seminar は「大学のゼミ」。

APPENDIX 1

15 # Grad School Application
大学院への出願

アメリカにはLiberal Arts「リベラルアーツ［教養教育］」の伝統があるため，4年間のundergraduate「学部教育」は市民教育の場でもあり，専門知識は大学院で習得するものとされています。大学院の出願には一般に，学部の成績，志望動機書，推薦状などに加えて，GRE（一般大学院）など，対象校に応じた能力試験のスコアが必要です。もちろん，留学生ならたいてい，TOEFLのスコアも必要です。

🔊 **track** 63

W: Have you submitted your graduate school applications yet? I just mailed the last of mine yesterday.

M: Not yet. I'm still waiting for one letter of recommendation. Everything else is done. My application is written, my **transcripts** have been sent, and I got my **GRE** score Friday. I'll tell you, writing that darned application essay sure took a lot out of me.

W: That's for sure. I was lucky the prep course I took gave me some help with that. You don't need to worry, though—not with your **4.0 GPA**—as long as you get your application in on time.

1 The word **transcript** is closest in meaning to

- Ⓐ a letter of recommendation
- Ⓑ a graduate school application
- Ⓒ some help with essay writing
- Ⓓ a record of one's grades

2 The word **GRE** is closest in meaning to

- Ⓐ a test needed for pre-med students
- Ⓑ an entrance exam for graduate school
- Ⓒ a test required to graduate from college
- Ⓓ an examination for prospective lawyers

3 The phrase **4.0 GPA** is closest in meaning to

Ⓐ A's in every class

Ⓑ the course load per term

Ⓒ a B average

Ⓓ the fee for a preparatory course

....

訳 女性：大学院の願書はもう出し終わった？　私は昨日，最後の1校分を送ったところ。
男性：まだなんだ。まだ推薦状を1通，待ってるところさ。それ以外はそろっているよ。願書も書いたし，成績証明書も送ったし，金曜にはGREの結果も出たし。とにかく，あのやっかいな志望動機書を書くのには，ひどく疲れたよ。
女性：そうでしょうね。私の場合，願書作成の対策コースを取ったのが，役に立って良かったわ。でも，あなたは心配ないじゃない。GPAが4.0もあるんだから。後は期限通りに願書を提出するだけよ。

1 正解 Ⓓ　成績証明書

transcript とは Ⓓ a record of one's grades「自分の成績の記録」，つまり学校の「成績証明書」のこと。Ⓐ a letter of recommendation は「推薦状」，Ⓑ a graduate school application は「大学院への願書」，Ⓒ some help with essay writing は志望動機書などの「文章作成の手伝い」。

2 正解 Ⓑ　大学院進学適性試験

GRE は Graduate Record Examination「大学院進学適性試験」の略称。言い換えれば，Ⓑ an entrance exam for graduate school「大学院のための入学試験」。文系，社会科学系の大学院申請時に必要とされることが多い。Ⓐ「医学部基礎課程の学生のための試験」は，MCAT [Medical College Admission Test] のこと。Ⓒ は「卒業資格試験」。Ⓓ「弁護士志望者のための試験」は，LSAT [Law School Admission Test] のこと。

3 正解 Ⓐ　評点平均値 4.0

GPA とは Grade Point Average の省略で，「評点[成績評価]平均値」のこと。クラスの成績は通例 A，B，C，D で表す（落第は F）が，それぞれが数値の 4，3，2，1 に換算される。履修したクラスが Ⓐ A's in every class「全クラス成績 A」なら，GPA は 4.0 となる。straight A's とも言う。Ⓑ the course load per term は「1学期あたりの履修単位数」。Ⓒ a B average は「評点平均値 B」，つまり GPA 3.0 のこと。Ⓓ the fee for a preparatory course は「（予備校などの）試験対策コースの費用」。

APPENDIX 1

動詞 🔊track 64

1-001		
accomplish [əká(:)mplɪʃ]	動	…を成し遂げる

1-011		
deny [dɪnáɪ]	動	…を否定する，拒む

1-002		
adopt [ədá(:)pt]	動	…を採用する，養子 にする

1-012		
develop [dɪvéləp]	動	…を発達させる，開 発する，展開する； 発達する，発生する

1-003		
argue [á:rgju:]	動	…を論じる，…と主 張する；言い争う

1-013		
discuss [dɪskʌ́s]	動	…を議論する，検討 する

1-004		
assemble [əsémbl]	動	（人・物）を集める， …を組み立てる

1-014		
elect [ɪlékt]	動	…を選出する，選択 する

1-005		
browse [braʊz]	動	ざっと目を通す

1-015		
ensure [ɪnʃʊ́ər]	動	…を確実にする

1-006		
clarify [klǽrəfàɪ]	動	…を明確にする

1-016		
examine [ɪgzǽmɪn]	動	…を検査する，調査 する，診察する

1-007		
comprehend [kà(:)mprɪhénd]	動	…を理解する

1-017		
explain [ɪkspléɪn]	動	…を説明する

1-008		
concern [kənsə́:rn]	動 名	…に関係する；《受 身形で》心配する 心配，懸念

1-018		
forbid [fərbíd]	動	…を禁じる

1-009		
contact [ká(:)ntækt]	動 名	…と連絡をとる 連絡，接触

1-019		
grant [grænt]	動 名	…を与える，認める 助成金，奨学金

1-010		
cultivate [kʌ́ltɪvèɪt]	動	（土地）を開墾する， （植物など）を栽培す る

1-020		
illustrate [íləstrèɪt]	動	…を説明する，例証 する

1-021 □□	
include [ɪnklúːd]	動 …を含む

1-022 □□	
insist [ɪnsíst]	動 …だと強く主張する，（…を）要求する

1-023 □□	
launch [lɔːntʃ]	動 …を開始する，発射する

1-024 □□	
mend [mend]	動 …を直す

1-025 □□	
organize [ɔ́ːrgənàɪz]	動 …を組織する，準備する，計画する

1-026 □□	
populate [pɑ́(ː)pjulèɪt]	動 …に居住する，生息する

1-027 □□	
produce 動 [prədjúːs] 名 [próʊdjuːs]	動 …を生産する，製造する，産出する 名 農産物

1-028 □□	
propose [prəpóʊz]	動 …を提案する；結婚を申し込む

1-029 □□	
reach [riːtʃ]	動 （目的地など）に着く，届く，（結論など）に達する 名 届く範囲

1-030 □□	
recover [rɪkʌ́vər]	動 回復する；…を取り戻す

1-031 □□	
regulate [régjulèɪt]	動 …を規定する，規制する

1-032 □□	
renew [rɪnjúː]	動 …を更新する，刷新する

1-033 □□	
resign [rɪzáɪn]	動 （…を）辞任する

1-034 □□	
reveal [rɪvíːl]	動 …を明らかにする

1-035 □□	
save [seɪv]	動 …を救う，蓄える，節約する，省く

1-036 □□	
solve [sɑ(ː)lv]	動 …を解く，解決する

1-037 □□	
submit [səbmít]	動 …を提出する；《submit oneself で》服する，従う

1-038 □□	
surrender [səréndər]	動 降伏する，降参する 名 降伏，降参

1-039 □□	
tolerate [tɑ́(ː)lərèɪt]	動 …を許容する，我慢する

1-040 □□	
undermine [ʌ̀ndərmáɪn]	動 （人・名声）をひそかに傷つける

APPENDIX 2

219

名詞　🔊 track 65

1-041		
access [ǽkses]	名 接近，入手，利用，行き方
	動 …に接近する

1-042		
affair [əféər]	名 事柄，業務，出来事，事件

1-043		
approach [əpróutʃ]	名 取り組み方，研究法，接近
	動 …に近づく，接近する

1-044		
astronomer [əstrá(:)nəmər]	名 天文学者

1-045		
basis [béɪsɪs]	名 基礎，原則

1-046		
budget [bʌ́dʒət]	名 予算，経費
	動 …を予算に計上する

1-047		
circumstance [sə́:rkəmstæns]	名 状況，事情，暮らし向き

1-048		
competition [kà(:)mpətíʃən]	名 競争，試合，競争相手

1-049		
congress [ká(:)ŋgrəs]	名 議会，国会

1-050		
continent [ká(:)ntənənt]	名 大陸

1-051		
credit [krédət]	名 履修単位，名声，信用，信頼
	動 …を信じる，信用する

1-052		
demand [dɪmǽnd]	名 要求，需要
	動 …を要求する

1-053		
dispute [dɪspjúːt]	名 論争，紛争
	動 …を論じる

1-054		
draft [drǽft]	名 草稿，下書き
	動 …を起草する，徴兵する

1-055		
employment [ɪmplɔ́ɪmənt]	名 雇用，仕事

1-056		
estate [ɪstéɪt]	名 私有地，地所

1-057		
expense [ɪkspéns]	名 費用，経費

1-058		
facility [fəsíləṭi]	名 施設，設備，才能

1-059		
finding [fáɪndɪŋ]	名 (研究・実験などの)成果，発見

1-060		
gene [dʒiːn]	名 遺伝子

1-061	
guarantee [gæ̀rəntíː]	图 保証，担保 動 …を保証する

1-062	
hypothesis [haɪpá(ː)θəsɪs]	图 仮説，前提，仮定

1-063	
inhabitant [ɪnhǽbəṭənt]	图 住民，生息動物

1-064	
journal [dʒə́ːrnəl]	图 日記，定期刊行物， 雑誌

1-065	
liberty [líbərṭi]	图 自由

1-066	
management [mǽnɪdʒmənt]	图 経営，管理，経営者

1-067	
mutation [mjutéɪʃən]	图 突然変異(体［種］)

1-068	
opinion [əpínjən]	图 意見，世論

1-069	
passage [pǽsɪdʒ]	图 (文章の)一節，通行， 通路

1-070	
perception [pərsépʃən]	图 知覚，認識

1-071	
phrase [freɪz]	图 成句，句

1-072	
precedent [présɪdənt]	图 (手本となる)先例

1-073	
priority [praɪɔ́(ː)rəṭi]	图 優先，優先権，優先 順位

1-074	
property [prá(ː)pərṭi]	图 財産，特性

1-075	
quotation [kwoʊtéɪʃən]	图 引用，見積もり額

1-076	
registration [rèdʒɪstréɪʃən]	图 登録

1-077	
rotation [roʊtéɪʃən]	图 回転(運動)

1-078	
shortcoming [ʃɔ́ːrtkʌ̀mɪŋ]	图 欠点，不足

1-079	
subject [sʌ́bdʒekt]	图 話題，学科，主題， 主語，被験者

1-080	
territory [térətɔ̀ːri]	图 領土

APPENDIX 2

形容詞・副詞 🔊track 66

1-081		
absolute [ǽbsəljùːt]	形 絶対的な，完全な	

1-082		
annual [ǽnjuəl]	形 1年間の，年1回の	

1-083		
brief [briːf]	形 短い，手短な	

1-084		
common [ká(ː)mən]	形 普通の，ありふれた，共通の	

1-085		
conventional [kənvénʃənəl]	形 伝統的な，形式的な	

1-086		
familiar [fəmíljər]	形 よく知られている，精通している（⇔ unfamiliar）	

1-087		
guilty [gílti]	形 罪悪感のある，有罪の	

1-088		
individual [ìndɪvídʒuəl]	形 個々の，個人的な，独特の 名 個人，人	

1-089		
minor [máɪnər]	形 小さい，重要でない 名 副専攻科目	

1-090		
overdue [òʊvərdjúː]	形 支払い［返却］期限を過ぎた	

1-091		
relative [rélətɪv]	形 比較上の，相対的な，関係のある 名 親類	

1-092		
stable [stéɪbl]	形 安定した	

1-093		
approximately [əprá(ː)ksɪmətli]	副 およそ，ほぼ	

1-094		
consistently [kənsístəntli]	副 絶えず，首尾一貫して	

1-095		
enthusiastically [ɪnθjùːziǽstɪkəli]	副 熱心に，情熱的に	

1-096		
formerly [fɔ́ːrmərli]	副 かつては，以前は，もともとは	

1-097		
inadvertently [ìnədvə́ːrtəntli]	副 うかつにも，偶然に	

1-098		
legally [líːgəli]	副 法律的に	

1-099		
primarily [praɪmérəli]	副 主として，主に	

1-100		
slightly [sláɪtli]	副 わずかに，少し	

動詞 🔊 track 67

2-001	
acquire [əkwáɪər]	動 …を身につける，得る

2-002	
affect [əfékt]	動 …に影響を及ぼす，作用する

2-003	
appear [əpíər]	動 見える，現れる

2-004	
breed [bri:d]	動 （動物が）子を産む 名 品種

2-005	
burst [bə:rst]	動 （爆弾・花火などが）爆発する，破裂する 名 爆発

2-006	
collect [kəlékt]	動 …を集める，収集する

2-007	
complain [kəmpléɪn]	動 （…だと）不平［苦情］を言う

2-008	
conclude [kənklú:d]	動 …との結論を下す，…を終える

2-009	
continue [kəntínju(:)]	動 …を続ける；続く

2-010	
deal [di:l]	動 …を分配する；《deal with … で》…に取り組む 名 取引，（かなりの）量

2-011	
depend [dɪpénd]	動 頼る，依存する；《depend on [upon] … で》…次第である

2-012	
devote [dɪvóut]	動 …をささげる；《devote oneself to … で》…に専念する

2-013	
dismiss [dɪsmís]	動 （考え・意見など）を捨てる，（クラス・集団）を解散させる，…を解雇する

2-014	
emerge [ɪmə́:rdʒ]	動 出てくる，現れる，明らかになる

2-015	
enter [énṭər]	動 …に入る，入学する，入会する

2-016	
excuse 動 [ɪkskjú:z] 名 [ɪkskjú:s]	動 …を許す，（行動など）の言い訳をする 名 弁解，言い訳

2-017	
explore [ɪksplɔ́:r]	動 …を探検する，探求する

2-018	
function [fʌ́ŋkʃən]	動 機能する 名 機能，職務

2-019	
guess [ges]	動 …だと推測する 名 推測，推量

2-020	
impede [ɪmpí:d]	動 …を妨げる，邪魔する

2-021		
increase [ɪnkríːs]	動	増える；…を増やす

2-022		
introduce [ìntrədjúːs]	動	…を紹介する，導入する

2-023		
maintain [meɪntéɪn]	動	…を維持する，養う，主張する

2-024		
mention [ménʃən]	動	…に言及する

2-025		
originate [ərídʒənèɪt]	動	起こる，生じる

2-026		
plague [pleɪg]	動 名	(病気・災難が)…を苦しめる 疫病

2-027		
preserve [prɪzə́ːrv]	動	…を保護する，保存する

2-028		
publish [pʌ́blɪʃ]	動	…を出版する，発表する

2-029		
realize [ríːəlàɪz]	動	…に気づく，…を実現する

2-030		
reduce [rɪdjúːs]	動	…を減らす

2-031		
register [rédʒɪstər]	動	(…を)登録する

2-032		
repair [rɪpéər]	動	…を修理する，回復する

2-033		
resolve [rɪzá(ː)lv]	動	…を解決する，決議する，決意する

2-034		
review [rɪvjúː]	動 名	…を見直す，復習する，論評する 再調査，復習，批評

2-035		
seek [siːk]	動	…を得ようとする，捜す；追求する，探求する

2-036		
specialize [spéʃəlàɪz]	動	…を専門化する；専門に扱う，専攻する

2-037		
suggest [səgdʒést]	動	…を提案する，示唆する，暗示する

2-038		
survive [sərváɪv]	動	生き残る，存在し続ける；…を切り抜けて生き残る

2-039		
transfer 動 [trǽnsfəːr] 名 [trǽnsfəːr]	動 名	…を移す，譲渡する 移転，転校生

2-040		
undertake [ʌ̀ndərtéɪk]	動	…を引き受ける

224

名詞　🔊track 68

2-041		2-051	
administration [ədmìnɪstréɪʃən]	名 管理，統治，政府，政府機関	**crop** [krɑ(:)p]	名 作物

2-042		2-052	
agency [éɪdʒənsi]	名 代理店，政府機関，作用	**depression** [dɪpréʃən]	名 意気消沈，不景気

2-043		2-053	
argument [ɑ́ːrɡjʊmənt]	名 論争，口論，議論，論拠	**distance** [dístəns]	名 距離，遠方

2-044		2-054	
attendance [əténdəns]	名 出席	**drawback** [drɔ́ːbæ̀k]	名 欠点

2-045		2-055	
behavior [bɪhéɪvjər]	名 行動，振舞い，行儀	**entrepreneur** [à:ntrəprəná:r]	名 起業家

2-046		2-056	
candidate [kǽndɪdèɪt]	名 (立)候補者	**estimate** 名 [éstɪmət] 動 [éstɪmèɪt]	名 見積もり 動 …を見積もる，推定する，評価する

2-047		2-057	
classification [klæ̀sɪfɪkéɪʃən]	名 分類，種類	**experience** [ɪkspíəriəns]	名 経験，体験 動 …を経験する，体験する

2-048		2-058	
complexity [kəmpléksəṭi]	名 複雑(性)	**factor** [fǽktər]	名 要因，要素

2-049		2-059	
constitution [kà(:)nstətjúːʃən]	名 構成，組織，憲法	**flexibility** [flèksəbíləṭi]	名 柔軟性

2-050		2-060	
contrast 名 [ká(:)ntræst] 動 [kəntrǽst]	名 対比，差異 動 対照をなす；…を対比する	**government** [ɡʌ́vərnmənt]	名 政府，統治機構

APPENDIX 2

225

2-061		
habit [hǽbɪt]	名	習慣, 癖

2-062		
income [ínkʌm]	名	収入, 所得

2-063		
injury [índʒəri]	名	けが, 傷害

2-064		
knowledge [nɑ́(:)lɪdʒ]	名	知識

2-065		
limitation [lìmɪtéɪʃən]	名	制限, 限界

2-066		
material [mətíəriəl]	名	原材料, 資料

2-067		
notion [nóʊʃən]	名	概念, 考え

2-068		
orbit [ɔ́:rbət]	名	(惑星・宇宙船などの) 軌道

2-069		
participant [pərtísɪpənt]	名	参加者

2-070		
performance [pərfɔ́:rməns]	名	公演, 演技, 実行, 出来

2-071		
plain [pleɪn]	名	平原
	形	明白な, 平易な

2-072		
preference [préfərəns]	名	他より好むこと, 好み

2-073		
privilege [prívəlɪdʒ]	名	特権, 特典

2-074		
proponent [prəpóʊnənt]	名	主張者, 支持者

2-075		
radiation [rèɪdiéɪʃən]	名	放射能, 放射線

2-076		
replication [rèplɪkéɪʃən]	名	写し, 複製

2-077		
scholarship [skɑ́(:)lərʃìp]	名	奨学金(制度), 学識

2-078		
situation [sìtʃuéɪʃən]	名	状況, 情勢, 事態

2-079		
syllabus [síləbəs]	名	(講義・講演などの)要綱, シラバス

2-080		
theory [θíːəri]	名	理論, 学説

形容詞・副詞 🔊 track 69

2-081	
abundant [əbʌ́ndənt]	形 豊富な，あり余るほどの
2-082	
appropriate [əpróupriət]	形 適切な
2-083	
chemical [kémɪkəl]	形 化学(上)の 名 化学製品［薬品］
2-084	
competitive [kəmpétətɪv]	形 競争の，競争力のある
2-085	
correct [kərékt]	形 正しい，正確な，適切な 動 …を訂正する，直す
2-086	
financial [fənǽnʃəl]	形 財政(上)の
2-087	
harsh [hɑːrʃ]	形 厳格な，不快な
2-088	
innovative [ínəvèɪṭɪv]	形 革新的な，創造力に富む
2-089	
national [nǽʃənəl]	形 全国的な，国家の，国民の，国立の
2-090	
particular [pərtíkjʊlər]	形 特定の，特別の，格別の

2-091	
senior [síːnjər]	形 上級の，先輩の，年長の 名 (大学・高校の)最上級生
2-092	
strict [strɪkt]	形 厳格な，厳しい
2-093	
consciously [ká(ː)nʃəsli]	副 意識的に，故意に
2-094	
conspicuously [kənspíkjuəsli]	副 著しく，目立って，明らかに
2-095	
essentially [ɪsénʃəli]	副 本質的に，根本的に
2-096	
fortunately [fɔ́ːrtʃənətli]	副 運良く，幸運にも
2-097	
incidentally [ìnsɪdénṭəli]	副 偶然に，ついでに言えば
2-098	
literally [líṭərəli]	副 文字通りに，まさに
2-099	
properly [prá(ː)pərli]	副 適切に，きちんと
2-100	
substantially [səbstǽnʃəli]	副 大幅に，相当に，かなり

APPENDIX 2

✏️確認テスト：VLQ3.pdf

動詞 🔊track 70

3-001	adapt [ədǽpt]	動 …を適合させる，適応させる；順応する

3-002	agree [əgríː]	動 意見が一致する，同意する；…ということに合意[同意]する

3-003	apply [əplái]	動 …を適用する，応用する；申し込む

3-004	avoid [əvɔ́id]	動 …を避ける

3-005	capture [kǽptʃər]	動 …を捉える，捕らえる

3-006	compare [kəmpéər]	動 …を比較する，比べる

3-007	complete [kəmplíːt]	動 …を完成させる／形 完全な，完璧な

3-008	confirm [kənfə́ːrm]	動 …を確認する，確証する

3-009	correspond [kɔ̀(ː)rəspá(ː)nd]	動 (物・事が)一致[符合]する，通信する

3-010	define [dɪfáin]	動 …を定義する，明らかにする

3-011	describe [dɪskráib]	動 …を記述する，描写する，説明する

3-012	discard [dɪskáːrd]	動 …を処分する，捨てる

3-013	display [dɪspléi]	動 …を見せる，表に出す，展示する／名 展示

3-014	emit [ɪmít]	動 (ガス・光・熱など)を発する

3-015	entitle [ɪntáitl]	動 (人など)に権利[資格]を与える，…にタイトル[題]をつける

3-016	execute [éksɪkjùːt]	動 …を実行する，遂行する

3-017	expose [ɪkspóuz]	動 …を露出する，暴露する，さらす

3-018	gain [geɪn]	動 …を得る，増す，進む／名 儲け，利益

3-019	handle [hǽndl]	動 …を扱う，処理する／名 取っ手，柄

3-020	implement [ímplɪmənt]	動 …を実行する，遂行する

3-021		
indicate [índɪkèɪt]	動 …(の兆候)を示す	

3-022		
invent [ɪnvént]	動 …を発明する	

3-023		
manage [mǽnɪdʒ]	動 …をなんとかやり遂げる，経営する，管理する	

3-024		
modify [má(:)dɪfàɪ]	動 …を修正する，変更する	

3-025		
owe [oʊ]	動 …に借りている，…の恩恵をこうむっている，…に負っている	

3-026		
please [pli:z]	動 …を喜ばせる；好む 副 どうぞ，どうか	

3-027		
press [pres]	動 …を押す，（意見）を強硬に主張する 名 新聞，報道陣，印刷	

3-028		
prove [pru:v]	動 …を証明する，立証する；（…だと）判明する	

3-029		
recall [rɪkɔ́:l]	動 …を思い出す，呼び戻す	

3-030		
refer [rɪfə́:r]	動 言及する，参照する	

3-031		
relate [rɪléɪt]	動 …を関連づける	

3-032		
replace [rɪpléɪs]	動 …に取って代わる	

3-033		
restrict [rɪstríkt]	動 …を制限する，制約する	

3-034		
revise [rɪváɪz]	動 …を変更する，校訂する	

3-035		
separate 動 [sépərèɪt] 形 [sépərət]	動 …を分離する，切り離す 形 別々の，異なる	

3-036		
spread [spred]	動 …を広げる，流布する，塗る；広がる 名 広まり，蔓延	

3-037		
summarize [sÁməràɪz]	動 …を要約する	

3-038		
swallow [swá(:)loʊ]	動 …を飲み込む	

3-039		
travel [trǽvəl]	動 旅行する，移動する，動く 名 旅行	

3-040		
utilize [jú:ṭəlàɪz]	動 …を（効果的に）利用する	

APPENDIX 2

名詞 🔊 track 71

3-041		
advance [ədvǽns]	名	前進，進歩，前払い
	動	前進する，進歩する；…を前進させる

3-042		
ancestor [ǽnsèstər]	名	先祖 (⇔ descendant 子孫)

3-043		
arrangement [ərémndʒmənt]	名	整理，準備，手はず，取り決め

3-044		
attention [əténʃən]	名	注意，注目，配慮

3-045		
beverage [bévərɪdʒ]	名	飲み物

3-046		
capacity [kəpǽsəti]	名	収容［受容］能力，(知的)能力

3-047		
climate [kláɪmət]	名	気候

3-048		
composition [kɑ̀(:)mpəzíʃən]	名	構成，構造，作文，作曲，楽曲

3-049		
consumer [kənsjúːmər]	名	消費者

3-050		
contribution [kɑ̀(:)ntrɪbjúːʃən]	名	寄付，貢献

3-051		
deadline [dédlàɪn]	名	締め切り

3-052		
detail [díːteɪl]	名	細部，詳細

3-053		
doctorate [dá(:)ktərət]	名	博士号

3-054		
earth [əːrθ]	名	地球，地上，土

3-055		
environment [ɪnváɪərənmənt]	名	環境，周囲の状況

3-056		
evidence [évɪdəns]	名	証拠

3-057		
experiment 名 [ɪkspérɪmənt] 動 [ɪkspérɪmènt]	名	実験
	動	実験をする

3-058		
farming [fáːrmɪŋ]	名	農場経営，農業

3-059		
fossil [fá(:)səl]	名	化石

3-060		
grade [greɪd]	名	等級，学年，評点

3-061		
habitat [hǽbɪtæt]	名	(動植物の)生息場所 [環境]

3-062		
industry [índəstri]	名	産業，工業

3-063		
insect [ínsekt]	名	昆虫

3-064		
laboratory [lǽbərətɔ̀:ri]	名	実験室

3-065		
liquid [líkwɪd]	名	液体

3-066		
matter [mǽṭər]	名	問題，事柄，物質
	動	問題となる，重要である

3-067		
object 名 [á(:)bdʒekt] 動 [əbdʒékt]	名	物体，対象，目的，目標，目的語
	動	反対する

3-068		
order [ɔ́:rdər]	名	順序，注文，秩序，命令
	動	…を命じる，注文する

3-069		
party [pá:rṭi]	名	パーティ，政党，一行，当事者

3-070		
personality [pə̀:rsənǽləṭi]	名	個性，性格

3-071		
plant [plænt]	名	植物，工場
	動	…を植える，置く

3-072		
preparation [prèpəréɪʃən]	名	用意，準備

3-073		
process [prá(:)ses]	名	過程，経過，手続き
	動	…を加工する，処理する

3-074		
prospect [prá(:)spekt]	名	見込み，将来性

3-075		
ratio [réɪʃiòʊ]	名	比率，割合

3-076		
representative [rèprɪzénṭəṭɪv]	名	代表，代理人，議員
	形	代表する，典型的な

3-077		
seed [si:d]	名	種
	動	(土地)に種をまく

3-078		
source [sɔ:rs]	名	源，原因，出所，資料

3-079		
table [téɪbl]	名	テーブル，(一覧)表

3-080		
thesis [θí:sɪs]	名	論文，命題

APPENDIX 2

231

形容詞・副詞　🔊 track 72

3-081	
academic [ǽkədémɪk]	形 学問の，大学の 名 大学教授，大学生

3-082	
attractive [ətrǽktɪv]	形 魅力的な

3-083	
coed [kóυèd]	形 男女共学の

3-084	
complex 形[kɑ̀(:)mpléks] 名[kɑ́(:)mpléks]	形 複合(体)の，複雑な 名 複合体，コンプレックス

3-085	
effective [ɪféktɪv]	形 効果的な

3-086	
frozen [fróυzən]	形 凍った

3-087	
ideal [aɪdíːəl]	形 理想の 名 理想

3-088	
intellectual [ìnṱəléktʃuəl]	形 知性の，知的な，知性的な 名 知識人

3-089	
native [néɪṱɪv]	形 生まれた土地の，原産の 名 その土地に生まれた人

3-090	
physical [fízɪkəl]	形 身体の，物質的な

3-091	
serious [síəriəs]	形 まじめな，本気の，重要な，重大な

3-092	
substantial [səbstǽnʃəl]	形 かなりの，十分な

3-093	
automatically [ɔ̀ːṱəmǽṱɪkəli]	副 自動で，機械的に，無意識に

3-094	
conversely [kənvə́ːrsli]	副 反対に，逆に言えば

3-095	
eventually [ɪvéntʃuəli]	副 結局は，最後には，やがて

3-096	
frequently [fríːkwəntli]	副 しばしば，頻繁に

3-097	
increasingly [ɪnkríːsɪŋli]	副 ますます，だんだん，いっそう

3-098	
ostensibly [ɑ(:)sténsəbli]	副 表向きには

3-099	
rarely [réərli]	副 めったに…しない

3-100	
supposedly [səpóυzɪdli]	副 たぶん，おそらく

動詞 🔊track 73

4-001		
add [æd]	動 …を付け足す，加える	

4-002		
allocate [ǽləkèɪt]	動 …を割り当てる，配分する	

4-003		
appreciate [əprí:ʃièɪt]	動 …を評価する，鑑賞する，感謝する	

4-004		
belong [bɪlɔ́(:)ŋ]	動 (物・責任・功績などが)(人に)属する	

4-005		
cause [kɔ:z]	動 …を引き起こす，…の原因となる	
	名 原因，理由	

4-006		
compensate [ká(:)mpənsèɪt]	動 …を償う，補償する，埋め合わせる	

4-007		
compose [kəmpóʊz]	動 …を構成する，作曲する	

4-008		
consider [kənsídər]	動 …を熟考する，検討する	

4-009		
convince [kənvíns]	動 …を納得させる，確信させる	

4-010		
dedicate [dédɪkèɪt]	動 …をささげる，献呈する	

4-011		
design [dɪzáɪn]	動 …をデザインする，設計する，意図する	
	名 デザイン，設計，意図	

4-012		
disagree [dìsəgrí:]	動 意見が食い違う，不賛成である	

4-013		
distinguish [dɪstíŋgwɪʃ]	動 …を区別する，識別する	

4-014		
encourage [ɪnkə́:rɪdʒ]	動 …を励ます，助長する，促進する	

4-015		
establish [ɪstǽblɪʃ]	動 …を設立する，確立する	

4-016		
exhibit [ɪgzíbət]	動 …を展示する，見せる	
	名 展示会，出品物	

4-017		
express [ɪksprés]	動 …を表現する	

4-018		
generalize [dʒénərəlàɪz]	動 …を一般化する，普遍化する	

4-019		
hinder [híndər]	動 …を妨げる，邪魔する	

4-020		
imply [ɪmpláɪ]	動 …をほのめかす，示唆する	

4-021 ☐☐		4-031 ☐☐	
infer [ɪnfə́:r]	動 …を推論する	regard [rɪgɑ́:rd]	動《regard A as B で》A を B だと見なす 名 配慮，敬意
4-022 ☐☐		4-032 ☐☐	
involve [ɪnvɑ́(:)lv]	動 …を含む；《受身形で》関係する，携わる	represent [rèprɪzént]	動 …を象徴する，代表する，表現する
4-023 ☐☐		4-033 ☐☐	
manufacture [mæ̀njufǽktʃər]	動 …を生産する，製造する 名 製造（業）	retain [rɪtéɪn]	動 …を保つ，保持する
4-024 ☐☐		4-034 ☐☐	
notice [nóʊṭəs]	動 …に気づく 名 通知，掲示	revolve [rɪvɑ́(:)lv]	動 回る，回転する
4-025 ☐☐		4-035 ☐☐	
parallel [pǽrəlèl]	動 …に対応する，匹敵する 形 平行の，並行の	serve [sə:rv]	動 …の役に立つ，…を務める，…に食事を出す；仕える，役立つ
4-026 ☐☐		4-036 ☐☐	
permit 動 [pərmít] 名 [pə́:rmɪt]	動 …を許す 名 許可証，免許証	standardize [stǽndərdàɪz]	動 …を基準に合わせる，規格化する
4-027 ☐☐		4-037 ☐☐	
present 動 [prɪzént] 形名 [prézənt]	動 …を提示する 形 存在する，現在の 名 現在	supervise [sú:pərvàɪz]	動 …を監督する，管理する
4-028 ☐☐		4-038 ☐☐	
provide [prəváɪd]	動 …を供給する，規定する	tend [tend]	動《tend to do で》…しがちである
4-029 ☐☐		4-039 ☐☐	
receive [rɪsíːv]	動 …を受け取る	treat [tri:t]	動 …を取り扱う，治療する，見なす，論じる 名 楽しみ，おごること
4-030 ☐☐		4-040 ☐☐	
reflect [rɪflékt]	動 （光・熱・音など）を反射する，反映する	vary [véəri]	動 異なる，変わる

名詞 🔊track 74

4-041		
advantage [ədvǽnʧɪdʒ]	名	有利な点，有利

4-042		
appearance [əpíərəns]	名	外観，様子，出現，出演

4-043		
article [ɑ́:rʧɪkl]	名	記事，論文，物品

4-044		
author [ɔ́:θər]	名	著者，作家

4-045		
bill [bɪl]	名	請求書，勘定書，法案，紙幣

4-046		
character [kǽrəktər]	名	性格，特徴，登場人物，文字

4-047		
comet [kɑ́(:)mɪt]	名	彗星

4-048		
concept [kɑ́(:)nsèpt]	名	概念，コンセプト

4-049		
content [kɑ́(:)ntent]	名	中身，内容，目次

4-050		
conversation [kɑ̀(:)nvərséɪʃən]	名	話すこと，会話

4-051		
decade [dékeɪd]	名	10年間

4-052		
development [dɪvéləpmənt]	名	発達，発展，成長

4-053		
document 名 [dɑ́(:)kjumənt] 動 [dɑ́(:)kjumènt]	名 動	文書，書類 …を記録する

4-054		
effect [ɪfékt]	名	結果，効果，影響，効力

4-055		
equation [ɪkwéɪʒən]	名	等式，方程式

4-056		
evolution [èvəlú:ʃən]	名	進化

4-057		
explanation [èksplənéɪʃən]	名	説明，解説

4-058		
fee [fi:]	名	謝礼，料金，納入金

4-059		
foundation [faʊndéɪʃən]	名	基礎，土台，設立

4-060		
graduation [grædʒuéɪʃən]	名	卒業

APPENDIX 2

4-061		
harm [hɑːrm]	名	害，悪意
	動	…を害する，傷つける

4-062		
infant [ínfənt]	名	乳児，幼児
	形	幼児の

4-063		
instance [ínstəns]	名	例，実例

4-064		
lack [læk]	名	不足
	動	…を欠いている

4-065		
majority [mədʒɔ́(ː)rət̬i]	名	大多数，過半数，得票差

4-066		
medicine [médsən]	名	医学，医薬

4-067		
objection [əbdʒékʃən]	名	反対，異議

4-068		
organ [ɔ́ːrgən]	名	器官，機関

4-069		
paraphrase [pǽrəfrèɪz]	名	（別の言葉での）言い換え
	動	（…を）言い換える

4-070		
perspective [pərspéktɪv]	名	観点，見通し

4-071		
population [pà(ː)pjulérʃən]	名	人口，住民

4-072		
prerequisite [priːrékwəzɪt]	名	必要条件，基礎必須科目

4-073		
product [prá(ː)dʌkt]	名	製品，産物，結果

4-074		
psychology [saɪká(ː)lədʒi]	名	心理学

4-075		
recommendation [rèkəmendéɪʃən]	名	推薦，勧告

4-076		
reproduction [rìːprədʌ́kʃən]	名	再生，生殖

4-077		
semester [səméstər]	名	（2 学期制の）学期

4-078		
state [steɪt]	名	状態，国家，州
	動	…を（はっきり）述べる

4-079		
temperature [témpərətʃər]	名	温度，体温

4-080		
tuition [tjuíʃən]	名	学費

形容詞・副詞 🔊track 75

4-081		4-091	
accurate [ǽkjərət]	形 正確な，間違いのない	**severe** [sɪvíər]	形 厳しい，ひどい，猛烈な

4-082		4-092	
available [əvéɪləbl]	形 入手［利用］できる，手が空いている	**superior** [supíəriər]	形 より優れた，優秀な，上位の 名 上役，上司

4-083		4-093	
cognitive [ká(ː)gnəṭɪv]	形 認識の，認知の	**categorically** [kæ̀ṭəgó(ː)rɪkəli]	副 無条件に，断固として，きっぱりと

4-084		4-094	
complicated [ká(ː)mpləkèɪṭɪd]	形 複雑な，込み入った	**deliberately** [dɪlíbərətli]	副 故意に，用心深く

4-085		4-095	
embarrassing [ɪmbǽrəsɪŋ]	形 当惑させるような，やっかいな	**exceptionally** [ɪksépʃənəli]	副 並外れて，例外的に

4-086		4-096	
fundamental [fʌ̀ndəménṭəl]	形 基本的な，根本的な	**genetically** [dʒənéṭɪkəli]	副 遺伝（子学）的に

4-087		4-097	
immense [ɪméns]	形 広大な，巨大な，限りない	**inherently** [ɪnhíərəntli]	副 先天的に，生まれつき

4-088		4-098	
introductory [ìntrədʌ́ktəri]	形 序論の，初級の	**partially** [páːrʃəli]	副 不完全に，部分的に

4-089		4-099	
negative [négəṭɪv]	形 否定の，消極的な，負の（⇔ positive 肯定的な）	**relatively** [réləṭɪvli]	副 比較的に，相対的に

4-090		4-100	
potential [pəténʃəl]	形 潜在的な，可能性を秘めた 名 可能性	**theoretically** [θìːəréṭɪkəli]	副 理論的には，理論上は

APPENDIX 2

✎ 確認テスト：VLQ5.pdf

動詞 🔊 track 76

5-001		
adjust [ədʒʌ́st]	動 …を調節する，合わせる	

5-002		
allow [əláʊ]	動 …を許す，（時間・金）を与える	

5-003		
approve [əprúːv]	動 …を承認する	

5-004		
benefit [bénɪfɪt]	動 …に利益を与える 名 利益，恩恵	

5-005		
cite [saɪt]	動 （書物・文章・著者など）を（典拠として）引用する	

5-006		
classify [klǽsɪfàɪ]	動 …を分類する，機密扱いにする	

5-007		
compete [kəmpíːt]	動 競争する，参加する，比肩する	

5-008		
consist [kənsíst]	動 《consist of …で》…から成る，成り立っている	

5-009		
correlate [kɔ́(ː)rəlèɪt]	動 互いに関係がある	

5-010		
defend [dɪfénd]	動 …を守る	

5-011		
deteriorate [dɪtíəriərèɪt]	動 …を悪化［低下］させる；悪くなる	

5-012		
discover [dɪskʌ́vər]	動 …を発見する，知る，分かる	

5-013		
dominate [dá(ː)mɪnèɪt]	動 …を支配する，…で優位を占める	

5-014		
endure [ɪndjʊ́ər]	動 （苦痛・労苦など）に（長い間）耐える	

5-015		
evolve [ɪvá(ː)lv]	動 進化する，展開する	

5-016		
expand [ɪkspǽnd]	動 （…を）拡大［拡張］する	

5-017		
extend [ɪksténd]	動 …を延長する，拡張［拡大］する；伸びる	

5-018		
govern [gʌ́vərn]	動 …を統治する，管理する	

5-019		
hire [háɪər]	動 …を雇う （≒ employ） （⇔ fire, dismiss …を解雇する）	

5-020		
impose [ɪmpóʊz]	動 …を課す，押しつける	

5-021		
inhabit [ɪnhǽbɪt]	動 …に居住する，住む	

5-022		
judge [dʒʌdʒ]	動 …を判断する，評価する	
	名 裁判官，審査員	

5-023		
mediate [míːdièɪt]	動 …を仲裁する，調停する	

5-024		
occupy [ɑ́(ː)kjupàɪ]	動 …を占める，占領する	

5-025		
perceive [pərsíːv]	動 …に気づく，…を理解する	

5-026		
predict [prɪdíkt]	動 …を予言する	

5-027		
prohibit [proʊhíbət]	動 …を禁じる； 《prohibit *A* from *doing* で》A(人)に…するのを禁じる	

5-028		
protect [prətékt]	動 …を守る，保護する	

5-029		
recognize [rékəgnàɪz]	動 …を認知する，承認する	

5-030		
refuse [rɪfjúːz]	動 …を拒む，断る	

5-031		
rely [rɪláɪ]	動 《rely on [upon] …で》…を信頼する，頼る	

5-032		
request [rɪkwést]	動 …を要請する，要望する	
	名 依頼，要望	

5-033		
retire [rɪtáɪər]	動 引退する，退職する	

5-034		
rise [raɪz]	動 (数・量・価値などが)増す，上昇する	
	名 増加，上昇	

5-035		
shift [ʃɪft]	動 移動する，変わる；…を移動させる，変える	
	名 変化，交替	

5-036		
starve [stɑːrv]	動 餓死する，飢えに苦しむ；…を餓死させる	

5-037		
support [səpɔ́ːrt]	動 …を支持する，裏付ける	
	名 支持，援助	

5-038		
threaten [θrétən]	動 …を脅す	

5-039		
turn [təːrn]	動 向きを変える，(ある状態に)なる；…を回す	
	名 回転，順番，転換	

5-040		
withstand [wɪðstǽnd]	動 (圧力・困難など)に耐える	

APPENDIX 2

5-041		5-051	
advertising [ǽdvərtàɪzɪŋ]	图 広告(業)	**decision** [dɪsíʒən]	图 決定

5-042		5-052	
appetite [ǽpɪtàɪt]	图 食欲，欲求	**disagreement** [dìsəgríːmənt]	图 不一致 (⇔ agreement 一致)

5-043		5-053	
assessment [əsésmənt]	图 査定，評価	**dorm** [dɔːrm]	图 (大学の)寮 (dormitory の省略)

5-044		5-054	
authority [əːθɔ́ːrəṭi]	图 権威，権限，当局，権威者	**effort** [éfərt]	图 努力，奮闘

5-045		5-055	
biology [baɪɑ́(ː)lədʒi]	图 生物学	**equipment** [ɪkwípmənt]	图 設備，器材，準備

5-046		5-056	
chemistry [kémɪstri]	图 化学	**example** [ɪgzǽmpl]	图 例，手本

5-047		5-057	
comparison [kəmpǽrɪsən]	图 比較，類似(性)	**exposure** [ɪkspóʊʒər]	图 さらされること，露出

5-048		5-058	
conclusion [kənklúːʒən]	图 結論，終わり，結び，締結	**feed** [fiːd]	图 えさ 動 …に食べ物を与える；えさを食べる

5-049		5-059	
contention [kənténʃən]	图 主張	**freshman** [fréʃmən]	图 (大学の)1年生

5-050		5-060	
cousin [kʌ́zən]	图 いとこ，同類	**grain** [greɪn]	图 穀物，穀粒，粒

5-061		名 (作物の)収穫
harvest [háːrvɪst]		

5-071		名 (全体の)一部
portion [pɔ́ːrʃən]		

5-062		名 伝染(病)，感染(症)
infection [ɪnfékʃən]		

5-072		名 えじき，獲物
prey [preɪ]		動 《prey on [upon] …で》…を捕食する

5-063		名 機関，施設，慣習
institution [ìnstɪtjúːʃən]		

5-073		名 進歩，前進
progress 名 [prá(ː)grəs] 動 [prəgrés]		動 前進する，進行する

5-064		名 弁護士，法律家
lawyer [lɔ́ːjər]		

5-074		名 出版，刊行物
publication [pÀblɪkéɪʃən]		

5-065		名 男性，オス
male [meɪl]		形 オスの，男性の (⇔ female 女性 (の))

5-075		名 言及，参照，参考文献，推薦状
reference [réfərəns]		

5-066		名 1,000年(間)
millennium [mɪléniəm]		

5-076		名 研究者，学者
researcher [ríːsəːrtʃər]		

5-067		名 観察，観測，意見
observation [à(ː)bzərvéɪʃən]		

5-077		名 感覚，感じ，認識力，観念，思慮，意味
sense [sens]		動 …に感づく，気づく

5-068		名 有機体，生物
organism [ɔ́ːrgənìzm]		

5-078		名 申し立て，主張，声明
statement [stéɪtmənt]		

5-069		名 (専売)特許
patent [pǽtənt]		動 …の特許を取る

5-079		名 傾向
tendency [téndənsi]		

5-070		名 殺虫剤
pesticide [péstɪsàɪd]		

5-080		名 賃金
wage [weɪdʒ]		

APPENDIX 2

形容詞・副詞　🔊track 78

5-081		5-091	
adherent [ədhíərənt]	形 固執する，執着する	**sophisticated** [səfístɪkèɪɾɪd]	形 洗練された，精巧な

5-082		5-092	
average [ǽvərɪdʒ]	形 平均の 動 平均すると…になる	**unfortunate** [ʌnfɔ́ːrtʃənət]	形 不幸な

5-083		5-093	
comfortable [kʌ́mfərɾəbl]	形 快適な，心地良く感じる	**arguably** [áːrgjuəbli]	副 まず間違いなく，おそらくは

5-084		5-094	
contemporary [kəntémpərèri]	形 現代の，現代的な 名 同時代の人	**effectively** [ɪféktɪvli]	副 効果的に，有効に

5-085		5-095	
environmental [ɪnvàɪərənménɾəl]	形 (自然)環境の	**exclusively** [ɪksklúːsɪvli]	副 独占的に，もっぱら

5-086		5-096	
general [dʒénərəl]	形 全体の，一般的な，おおよその	**hardly** [háːrdli]	副 ほとんど…ない

5-087		5-097	
inadequate [ɪnǽdɪkwət]	形 不適当な	**instantaneously** [ìnstəntéɪniəsli]	副 即座に，同時に

5-088		5-098	
likely [láɪkli]	形 ありそうな，しそうである	**particularly** [pərtíkjʊlərli]	副 特に，とりわけ

5-089		5-099	
official [əfíʃəl]	形 公式の，正式の 名 公務員，役人	**roughly** [rʌ́fli]	副 およそ，手荒く

5-090		5-100	
practical [prǽktɪkəl]	形 実際的な，実用的な，事実上の	**typically** [típɪkəli]	副 典型的に，一般的に

動詞 🔊track 79

6-001 admit [ədmít]
動 …を認める，中に入れる

6-002 alter [ɔ́:ltər]
動 （部分的に）…を変える，変更する

6-003 analyze [ǽnəlàɪz]
動 …を分析する

6-004 attend [əténd]
動 （…に）出席する

6-005 claim [kleɪm]
動 …を主張する，要求する
名 主張

6-006 colonize [ká(:)lənàɪz]
動 …を植民化する，（動植物が）…をコロニーにする

6-007 concentrate [ká(:)nsəntrèɪt]
動 …を集中する；専念する，集中する

6-008 consume [kənsjú:m]
動 …を消費する

6-009 contribute [kəntríbjət]
動 …を寄付する，寄稿する，提供する；寄付する，寄与する，貢献する

6-010 declare [dɪkléər]
動 …を宣言する，断言する，申告する；宣言する，公言する

6-011 determine [dɪtə́:rmɪn]
動 …を決心する，決定する

6-012 discriminate [dɪskrímɪnèɪt]
動 …を区別する，識別する；差別する

6-013 earn [ə:rn]
動 …を得る，稼ぐ

6-014 enhance [ɪnhǽns]
動 （価値・性能・魅力など）を増す

6-015 exaggerate [ɪgzǽdʒərèɪt]
動 …を誇張する

6-016 expect [ɪkspékt]
動 …を予期する，期待する

6-017 follow [fá(:)loʊ]
動 …について行く，続く，従う；後に続く，結果として起こる

6-018 graduate 動[grǽdʒuèɪt] 名[grǽdʒuət]
動 卒業する
名 卒業生

6-019 hold [hoʊld]
動 …を持つ，保つ，開催する，（考え・見解）を抱く

6-020 improve [ɪmprú:v]
動 …を改良する，改善する；好転する，進歩する

APPENDIX 2

243

6-021		
inquire [ɪnkwáɪər]	動	(…を)問う，尋ねる

6-022		
justify [dʒʌ́stɪfàɪ]	動	…を正当化する

6-023		
melt [melt]	動	(熱で)溶ける

6-024		
offer [ɔ́(:)fər]	動 名	…を申し出る 申し出

6-025		
perform [pərfɔ́:rm]	動	…を行う，実行する， 上演する，演奏する

6-026		
prefer [prɪfɔ́:r]	動	…の方を好む，選ぶ

6-027		
promote [prəmóʊt]	動	…を促進する，奨励 する，(宣伝して)売 り込む

6-028		
raise [reɪz]	動 名	…を上げる，高める， 育てる，提起する 昇給

6-029		
recommend [rèkəménd]	動	…を推薦する，勧め る

6-030		
refute [rɪfjú:t]	動	…の誤りを証明す る，…を論駁する

6-031		
remain [rɪméɪn]	動	…のままである，残 る

6-032		
require [rɪkwáɪər]	動	…を必要とする

6-033		
retreat [rɪtrí:t]	動 名	後退する，退却する 退却，後退，静養先

6-034		
run [rʌn]	動	走る；…を運営する， 経営する，動かす

6-035		
sink [sɪŋk]	動 名	沈む；…を沈める 流し，洗面台

6-036		
stimulate [stímjulèɪt]	動	…を刺激する，活気 づける

6-037		
suppose [səpóʊz]	動	…だと思う，…と仮 定する，想定する

6-038		
thrive [θraɪv]	動	(事業・産業などが) 栄える，繁栄する

6-039		
underestimate [ʌ̀ndəréstɪmèɪt]	動	…を過小評価する

6-040		
yield [ji:ld]	動 名	…を産出する，生 む；屈する 産出，収穫

名詞 🔊 track 80

6-041			**6-051**	
advocate 名 [ǽdvəkət] 動 [ǽdvəkèɪt]	名 主張者 動 …を主張する，擁護する		**definition** [dèfəníʃən]	名 定義
6-042			**6-052**	
application [æ̀plɪkéɪʃən]	名 申し込み，願書，応用		**disease** [dɪzíːz]	名 病気
6-043			**6-053**	
assignment [əsáɪnmənt]	名 課題，仕事，割り当て		**doubt** [daʊt]	名 疑い，不信 動 …(であること)を疑う
6-044			**6-054**	
avenue [ǽvənjùː]	名 大通り，問題解決の手段		**element** [élɪmənt]	名 要素，元素
6-045			**6-055**	
boundary [báʊndəri]	名 境界(線)		**era** [íərə]	名 時代
6-046			**6-056**	
circulation [sə̀ːrkjuléɪʃən]	名 循環，流通，血行		**existence** [ɪgzístəns]	名 存在，生存
6-047			**6-057**	
compensation [kà(ː)mpənséɪʃən]	名 補償(金)，謝礼		**expression** [ɪkspréʃən]	名 表現，言い回し
6-048			**6-058**	
conflict 名 [ká(ː)nflìkt] 動 [kənflíkt]	名 争い，衝突，戦争 動 相容れない		**figure** [fígjər]	名 数字，数，計算，姿，体形，人物，図 動 …だと思う，考える
6-049			**6-059**	
context [ká(ː)ntekst]	名 文脈，前後関係，背景		**fund** [fʌnd]	名 資金，財源 動 …に資金を提供する
6-050			**6-060**	
creature [kríːtʃər]	名 生物，人，被造物		**gravity** [grǽvəṭi]	名 重力

APPENDIX 2

245

6-061		
horizon [həráɪzən]	名	地平線，水平線，視野

6-062		
influence [ínfluəns]	名 動	影響，影響力 …に影響を及ぼす

6-063		
issue [íʃuː]	名 動	問題，争点，発行（物） …を発行する，出版する

6-064		
leap [liːp]	名 動	跳躍，飛躍 跳ぶ，はねる

6-065		
mammal [mǽməl]	名	哺乳動物

6-066		
mission [míʃən]	名	任務，使命，使節（団）

6-067		
operation [à(:)pəréɪʃən]	名	手術，活動，働き

6-068		
organization [ɔ̀ːrɡənəzéɪʃən]	名	組織，団体

6-069		
patient [péɪʃənt]	名 形	患者 忍耐強い

6-070		
phenomenon [fəná(:)mənà(:)n]	名	現象

6-071		
possibility [pà(:)səbíləti]	名	可能性

6-072		
principle [prínsəpəl]	名	主義，信条，原則

6-073		
promise [prá(:)məs]	名 動	約束 …を約束する，…の見込みがある

6-074		
quest [kwest]	名	探求，追求

6-075		
region [ríːdʒən]	名	地域，地帯，地方，部位，領域

6-076		
resource [ríːsɔːrs]	名	資源，資金，手段

6-077		
sentence [séntəns]	名	文，判決，刑

6-078		
structure [stráktʃər]	名 動	構造，建造物 …を組み立てる

6-079		
term [təːrm]	名	用語，期間，学期，条件，間柄

6-080		
unit [júːnɪt]	名	構成単位，部品，一団

形容詞・副詞 🔈track 81

6-081		6-091	
ancient [éɪnʃənt]	形 古代の，古くからの	**specific** [spəsífɪk]	形 特定の，明確な
6-082		**6-092**	
beneficial [bènɪfíʃəl]	形 有益な，ためになる	**universal** [jùːnɪvə́ːrsəl]	形 普遍［遍在］的な，共通の
6-083		**6-093**	
commercial [kəmə́ːrʃəl]	形 商業（上）の	**considerably** [kənsídərəbli]	副 かなり，相当に
6-084		**6-094**	
controversial [kà(:)ntrəvə́ːrʃəl]	形 物議をかもす，論争上の	**efficiently** [ɪfíʃəntli]	副 効率的に，能率的に
6-085		**6-095**	
essential [ɪsénʃəl]	形 必要不可欠な，本質的な	**extremely** [ɪkstríːmli]	副 極端に，非常に，きわめて
6-086		**6-096**	
genetic [dʒənéṭɪk]	形 遺伝（学）の	**immediately** [ɪmíːdiətli]	副 直ちに，直接に，じかに
6-087		**6-097**	
independent [ìndɪpéndənt]	形 独立した，独自の	**largely** [láːrdʒli]	副 大部分は，ほとんど，主に
6-088		**6-098**	
medical [médɪkəl]	形 医学の，内科の	**previously** [príːviəsli]	副 以前に，前もって
6-089		**6-099**	
opposite [á(:)pəzɪt]	形 反対側の，（正）反対の	**significantly** [sɪgnífɪkəntli]	副 著しく，かなり
6-090		**6-100**	
primary [práɪmèri]	形 主要な，第1の，初等の	**willingly** [wílɪŋli]	副 喜んで，快く，進んで

APPENDIX 2

TOEFL® テスト大戦略シリーズ

自分に合った参考書を選んで，目標スコアを獲得しよう！

iBT対応 英語力に自信がなく， 基礎から力を つけたいなら	**⓿ 超基礎からの TOEFL® テスト入門** アゴス・ジャパン　岡田徹也，松園保則 著 定価：1,980円（本体1,800円＋税10%）

パソコンで体験できる！ Web模試＋ダウンロードコンテンツ特典付

iBT対応 試験形式を知りたい， 模試を解きたいなら	**❶ はじめてのTOEFL® テスト完全対策** Paul Wadden, Robert Hilke, 松谷偉弘 著 定価：2,530円（本体2,300円＋税10%）　音声ダウンロード付

ダウンロードコンテンツ特典付

iBT&ITP対応 ボキャブラリー 対策をしたいなら	**❷ TOEFL® テスト英単語 3800** 神部 孝 著　定価：2,530円（本体2,300円＋税10%） **❸ TOEFL® テスト英熟語 700** 神部 孝 著　定価：1,980円（本体1,800円＋税10%）

パソコンで体験できる！ Web模試特典付

iBT対応 セクションごとに 試験対策を したいなら	**❹ TOEFL® テスト リーディング問題 270** 田中真紀子 著　定価：2,310円（本体2,100円＋税10%） **❺ TOEFL® テスト リスニング問題**　音声ダウンロード付 喜田慶文 著　定価：2,640円（本体2,400円＋税10%） **❻ TOEFL® テスト スピーキング問題**　音声ダウンロード付 島崎美登里，Paul Wadden, Robert Hilke 著 定価：2,640円（本体2,400円＋税10%） **❼ TOEFL® テスト ライティング問題 100** Paul Wadden, Robert Hilke, 早川幸治 著 定価：2,310円（本体2,100円＋税10%）

iBT対応 本番形式の模試を 何度も解きたいなら	**❽ TOEFL iBT® テスト本番模試** 旺文社 編 定価：3,080円（本体2,800円＋税10%）　音声ダウンロード付